Zen-Mönch in Europa

ROLAND RECH

ZEN-MÖNCH IN EUROPA

aus Gesprächen aufgezeichnet
von Romana und Bruno Solt

Vorwort von Arnaud Desjardins

WERNER KRISTKEITZ VERLAG

Meinem Meister,
Taisen Deshimaru-Rōshi

Für Éric und Hugues

Seit der Renaissance hat sich der Mensch
als lebendiger Mensch verstanden …
Genau diesen lebendigen Menschen
findet man im Zazen wieder.

Claude Lévi-Strauss

Zazen ist nicht das Erlernen einer Meditation.
Zazen ist nichts anderes
als Praxis und Verwirklichung
eines vollkommenen Erwachens.

Meister Dōgen

 Titel der Originalausgabe: »Moine Zen en Occident«. Übersetzung: Silvia Leyer.

Druck: FVA, Fulda

ISBN 3-921508-83-5

Inhalt

Vorwort

Seit einiger Zeit wird in den Medien viel über Buddhismus gesprochen. Die persönliche Ausstrahlung des Dalai Lama und sein Nobelpreis haben damit viel zu tun; der Film *Little Buddha* trägt auch einen großen Teil dazu bei. Man kann sagen, dass 1993 in mancher Hinsicht das Jahr des Buddhismus war, zumindest in Frankreich und wahrscheinlich in der ganzen Welt. Aber der Buddhismus ist keine Mode; er ist eine Weisheit, eine Religion und eine Kultur, die Asien seit zweitausendfünfhundert Jahren erleuchtet hat.

Manchmal wurde bedauert, dass das Christentum in seiner Begegnung mit anderen Völkern seine römische Form beibehalten hat. Und heute sucht man nach einer Darstellung der Botschaft des Evangeliums, die Afrika, Indien oder den amerikanischen Indianern angemessen ist. Dagegen hat die Unterweisung Buddhas ihre Vitalität seit langer Zeit durch sehr verschiedene Annäherungen bezeugt. Sie blieben den Grundlagen treu und gleichzeitig bemerkenswert vielfältig, vom Hīnayāna in Ceylon über den Mahāyāna in China und Japan bis zum Tantrayāna der Tibeter. Man kann zu Recht sagen, dass es einen tibetischen Buddhismus gibt, einen birmanischen Buddhismus, einen japanischen Buddhismus, einen vietnamesischen Buddhismus – und warum nicht auch bald einen europäischen Buddhismus? Aber selbst wenn es sich immer um die Vier Edlen Wahrheiten, um den Achtfachen Pfad, um die Zufluchtnahme zu Buddha, Dharma und Sangha handelt, so haben die Buddhisten doch selbst manchmal Schwierigkeiten sich gegenseitig zu verstehen und anzuerkennen. In Japan gibt es wiederum verschiedene Schulen: Tendai, Shingon, Nichiren, auch wenn Zen die berühmteste ist. Und Zen ist in verschiedene Traditionen verzweigt: Ōbaku, Rinzai und Sōtō.

Die Gespräche mit Roland Rech ermöglichen uns eine authentische Entdeckung des Sōtō-Zen. Sensei[1] Deshimaru, mit dem ich in Japan drei Monate lang Tag und Nacht verbrachte, war in vielerlei Hinsicht eine außergewöhnliche Persönlichkeit, die niemand

1 »Sensei« (Lehrer) war und ist im Kreis der Schüler von Deshimaru-Rōshi die ihm gegenüber übliche, vertraute Anrede-Form. (Anm. d. Hrsg.)

imitieren kann. Aber selbst wenn man den Meister nicht imitieren kann, so kann man seinen Schritten auf dem Weg folgen, auf dem er uns voranging. Dies tat Roland Rech, der in diesem Buch zwanzig Jahre persönliche Erfahrung und alltägliche Praxis mitteilt. Er erzählt uns von einem besonders schlichten und nüchternen Zen, das vor allem dem Erbe der alten Meister treu bleibt.

Was man in den japanische Klöstern nach dem ersten Zazen die »Morgenmesse« nennen könnte, enthält eine endlose Rezitation der Namen aller Weisen, durch die die Übermittlung der Lehre sich vollzogen hat, von Buddha zu uns. Ob es sich dabei um Meister handelt, die in der Geschichte einen berühmten Namen hinterlassen haben (so wie Bodhidharma oder Dōgen) oder um Mönche mit einem geringeren Bekanntheitsgrad, diese Rezitation ermöglicht jedem Mönch seine traditionelle Verbindung mit einer authentischen Linie zu spüren.

Dieses Einfügen in eine Tradition ist den Sufis genauso wichtig wie den Tantrayâna-Buddhisten. Heutzutage, wo so viele Gruppen, Sekten, Bewegungen und neu gegründete Schulen sich profilieren, ist eine Unterweisung mit zweitausendfünfhundert Jahren Erfahrung kostbar. Kein Buddhist kann behaupten, dass die persönliche Form, die er gewählt hat, der einzig richtige Buddhismus ist. Aber die zunehmende Bekanntheit der Grundlagen der Unterweisung Gautama Shākyamunis in Europa hat zu einem spirituellen Erwachen beigetragen, dessen Notwendigkeit von einer ständig wachsenden Zahl von Männern und Frauen empfunden wird, die nach einer anderen Dimension der Existenz verlangen. Möge dieses Erwachen sich immer in einem Geist der Öffnung, des Empfangens, der Toleranz und des Verständnisses erfüllen.

Arnaud Desjardins

Einführung

Am Ende dieses Winters, wo die Kälte die Steine zusammenzieht, haben wir eine Verabredung am Ufer der Loire im Zen-Tempel La Gendronnière. Der weite Besitz am Ende einer Waldstraße erinnert mehr an ein romantisches Schloss als an einen Zen-Tempel mit seinem gut geharkten Sandkarree und seinen nüchternen Verzierungen.

Zu dieser Jahreszeit ist der Platz verlassen, und die Stille verwischt das Geräusch unserer Schritte. Dieser Ort ist der Rahmen einer Reihe von Gesprächen über Zen-Buddhismus, morgens und abends markiert von unbeweglichen Sitzperioden, die uns einladen den Geschmack des Augenblicks wieder zu finden.

Nach dem Zweiten Weltkrieg hat Zen mit dem Erscheinen mehrerer didaktischer Werke wie der vollständigen Übersetzung der *Essays über den Zen-Buddhismus* des japanischen Professors Daisetsu Teitarō Suzuki (1870-1966) in Europa eine gewisse Begeisterung in intellektuellen Kreisen hervorgerufen. Zu dieser Zeit war Zen nur einer Minderheit bekannt, die vor allem von seinem Ästhetizismus und seinen rätselhaften, paradoxen Sätzen, den berühmtem *kōan*, eingenommen war. Der Weise vom Schwarzwald, Karlfried Graf Dürckheim, revidierte nach und nach die europäischen Vorurteile, die er und seinesgleichen dem Buddhismus gegenüber hatten. In seinem Tagebuch steht eine Ende 1940 geschriebene Notiz. Während er in Japan weilte, gestand er: »Ich werde mir so viel Zeit wie möglich reservieren, um besonders die lebendige Seite des Buddhismus zu studieren. In Europa haben wir davon eine völlig falsche Vorstellung. Die meisten unter uns halten ihn für eine passive Doktrin, die den Menschen von der Wirklichkeit entfernt.«

Noch heute wird Zen mitunter sehr falsch verstanden und löst noch zahlreiche Fragen aus. Wenn das Zen-Bild auch die einen fasziniert und bei anderen Argwohn erregt, so liegt das an den unvermeidbaren Begleiterscheinungen ungeschickter Fragen, durch die Zen manchmal mit einer neuen asiatischen Sekte oder mit einer atheistischen Religion verglichen wird. Manche beschränken Zen auf Philosophie, Kunst oder auf eine simple Konzentrationstechnik, um besser mit Stress umzugehen. Aber es existieren auch berechtigtere Fragen. Was ist wirklich Meditation? Was ist Erwachen, *Karma*? ... Wie sieht Zen den Tod? Kann man als Christ oder als

Zugehöriger einer anderen Konfession Zazen praktizieren? Was ist das wirkliche Zen? ...

All diese Fragen haben wir Roland Rech gestellt, einem Zen-Mönch aus Frankreich, der seit annähernd dreißig Jahren praktiziert, getreu der Unterweisung, die er von seinem japanischen Meister Taisen Deshimaru[2], dem Bodhidharma unserer Zeit, erhalten hatte.

Auf den ersten Blick verleihen ihm sein rasierter Schädel und seine gerade Haltung eher ein asketisches Aussehen. Alles nur äußere Erscheinung! Roland Rech ist einer der Hauptverantwortlichen der Internationalen Zen-Vereinigung (Association Zen Internationale) und auch der erste, der mit Ihnen gerne eine gute Mahlzeit teilt und sich über seine Leidenschaft für das Tiefseetauchen unterhält.

Schon in jungen Jahren konnte die ehemalige Führungskraft eines großen französischen Unternehmens sich nicht mit einem ausschließlich materialistischen, im Vergnügen erstarrten Leben zufrieden geben. Nach Enttäuschungen in der Kindheit, die mit ungeschickten Äußerungen der christlichen Religion verknüpft waren, die sich, wie er sagt, vor allem auf das Hoffen und Träumen bezogen, entschloss er sich später zur Teilnahme an sozialen und politischen Aktionen. »Selbst wenn ich nie der kommunistischen Partei oder einer linken Organisation beigetreten bin, habe ich einen dem Marxismus sehr nahen Standpunkt angenommen. Mir war wichtig, an einer historischen Aktion mitzuarbeiten, die vor allem die Befreiung der Menschen verwirklichen wollte, denn ich sah sehr wohl, dass dem humanistischen Ideal (Freiheit, Gleichheit, Brüderlichkeit), das eine Stütze der französischen Revolution war, überhaupt keine Taten folgten.«

Nach dem zerbrochenen Traum vom Mai 1968, dessen Grenzen und Utopie er erkannte, und nach einer langen Periode des Nachdenkens wurde er zum Aussteiger. Er verabschiedete sich vom Grau der Stadt Paris, von den Konditionierungen und den altmodischen Gewohnheiten. Er wählte das freiwillige Exil, um einen Sinn für sein Leben zu finden, der von keiner Ideologie, keinem Glaubenssystem abhängen sollte. Seine einzige Motivation war, offen und verfügbar zu sein.

2 Siehe auch: Bruno Solt, *Mystiques et maîtres spirituels contemporains*, Paris (Retz) 1992, S. 38-40.

Er begann eine lange Reise durch Spanien, Nordafrika, den Nahen Osten. In jedem Land interessierte er sich für das politische und gesellschaftliche System, besuchte selbst verwaltete Bauerngüter in Südalgerien, palästinensische Flüchtlingslager, usw. »Ich empfand eine große Sympathie für alle Befreiungsbewegungen der Dritten Welt. Mir schien, dass sie etwas Neues und weniger Verkalktes ausdrückten als das, was in den Volksdemokratien oder in den real existierenden sozialistischen Regime existierte. Leider stellte ich bald fest, dass sich überall neue Bürokratien sowie Macht- und Unterdrückungsstrukturen einrichteten.«

Unterwegs erschien es ihm offensichtlich, dass das, was er seit der Kindheit suchte, eigentlich einem Freiheits-, einem inneren Befreiungsideal entsprach. Die wahre Revolution kann nur mit einer radikalen inneren Umwandlung verwirklicht werden, weit entfernt von politischen und religiösen Ideologien.

In dieser Verfassung erreichte er Indien. Sehr beeindruckt von dem allgegenwärtigen religiösen Geist interessierte er sich für Hinduismus und Buddhismus in Tempeln und Ashrams, denen er zufällig auf seiner Route begegnete. Das Reinheits- und Heiligkeitsideal, das von den Frommen ausgedrückt wurde, schien ihm sehr entfernt zu sein von dem, was er in seinem Innersten fühlte. Das Imaginäre war für ihn Entfremdung. Ein ideales System, das einen dazu brachte das zu verwerfen, was die Wirklichkeit des eigenen Lebens darstellt, betrachtete er als Gegensatz zum wirklichen Weg.

Zu diesem Zeitpunkt der Reise teilte er jemandem seinen Wunsch mit einen Weg zu finden, der es ihm ermöglichte sich seiner inneren Wahrheit ohne System, Ideologie und Glauben zu nähern. Die Antwort, die er bekam, machte ihn zuversichtlich: »Wenn du deine Reise nach Japan fortsetzt, solltest du dich für Zen interessieren.«

Einige Monate später erreichte er das Land der Aufgehenden Sonne in einem Zustand beinahe völliger Hoffnungslosigkeit. Er fühlte sich in einer Sackgasse. Er war sich nunmehr sicher, dass er die verzweifelte Suche, die ihn außer von Enttäuschung zu Enttäuschung nirgendwohin führte, nicht unbegrenzt weiterführen konnte.

Jedoch weiter entschlossen eine Antwort zu finden begab er sich von Tempel zu Tempel und bat darum, Zazen praktizieren zu dürfen. Leider waren es keine Orte der Praxis, sondern eher Museen, und er erhielt nur negative Antworten. »Vielleicht war in diesem Moment meine Entschiedenheit nicht stark genug? Nachdem ich einen Monat unterwegs war, hatte ich einen Anfall von Hoffnungslosigkeit. Ich sagte einer Freundin, dass ich meine Reise unter diesen Bedingungen nicht fortsetzen könne und beschloss mich nicht zu rühren, solange ich nicht die wahre Zazen-Praxis gefunden hätte. Jemand, der bei diesem Gespräch zugegen war, gab mir kurze Zeit später die Daten eines *sesshin*, das in einem nahe gelegenen Tempel stattfinden sollte, und dort ging ich hin. Ein Mönch gab mir eine zweiminütige Einweisung in Zazen. Er zeigte mir die Haltung und sagte, dass man seine Gedanken vorbeiziehen lassen sollte. Mit diesen Ratschlägen praktizierte ich im *dōjō* eine Stunde lang, und das reichte aus, um in mir eine wahre innere Revolution auszulösen. Intellektuell wusste ich immer noch nichts von Zen, aber ich hatte von jetzt an die tiefe Überzeugung, dass ich aus dieser Haltung heraus leben wollte. Ich empfand eine Befreiung und verstand, dass alle meine vorhergehenden Erlebnisse mich in Wirklichkeit zu Zazen geführt haben. Ich war niemals fixiert auf diese Erfahrung, indem ich mir sagte: ›Ich habe *satori* erlangt, das Erwachen …‹ Andere könnten es vielleicht an meiner Stelle sagen, wenn sie die Beschreibung von meinen damaligen Empfindungen hören. Auf jeden Fall war diese Erfahrung eines tiefen Seinszustandes, der von nichts abhängt, stark genug, um alle Wanderungen zu beenden.«

Roland Rech fühlte schlagartig, dass er nichts anderes brauchte, als sich hinzusetzen und zu sein. Diese intime Erfahrung mit dem Wesen der Existenz verschaffte ihm einen großen inneren Frieden. Von nun an wusste er, dass es eine Art und Weise gibt völlig unabhängig zu leben, ohne zugleich von der Wirklichkeit der Phänomene getrennt zu sein.

Romana und Bruno Solt

I

Die Begegnung mit dem Meister

Die erste Zazen-Praxis war also entscheidend für Sie. Hat sie es Ihnen erlaubt diesen Weg ohne jedes Zögern zu wählen?

Nach diesem Morgen-Zazen gab es ein Frühstück, und ich bat darum, das Sesshin weitermachen zu dürfen. Man antwortete mir, es sei nicht möglich, da es keinen Platz mehr gebe. Ich war so sehr entschlossen, dass ich ihnen sagte, ich würde mich auf keinen Fall von diesem Platz wegbegeben und auch an Ort und Stelle schlafen. Nach einer Weile fragte mich der *Rōshi*: »Aber was wünschen Sie nun wirklich, hier zu sein oder Zazen zu praktizieren?« Der Ort war mir weniger wichtig, aber ich wollte weiter praktizieren. Der Rōshi wies mich also auf die Möglichkeit hin in einem anderen Tempel zu praktizieren. Er gab mir dessen Adresse und ein Empfehlungsschreiben, damit ich am selben Tag dorthin gehen konnte. Dieser Tempel befand sich 50 km von Kyōto entfernt in den Hügeln. Ich machte mich sofort auf den Weg.

Bei meiner Ankunft war der Ort menschenleer. Verunsichert setzte ich mich hin und wartete geduldig. Bei Einbruch der Dunkelheit hörte ich das Knattern eines Mofas, das näher kam. Es wurde von einem Mönch gefahren, dessen *kolomo*-Ärmel im Wind flogen und einen seltsamen Anblick boten. Ich erklärte ihm meine Situation, und wir lebten und praktizierten zusammen mehrere Wochen lang. Wir machten morgens zwischen 5 und 7 Uhr zwei Stunden Zazen und abends zwei Stunden. Der Rest des Tages war manuellen Tätigkeiten gewidmet: Garten- und Küchenarbeit. Während des Zazen gab es weder *kyōsaku* noch mündliche Unterweisung, nur unbewegliches Sitzen. Der Anfang war schwierig und leidvoll, oft verbunden mit einem heftigen körperlichen Schmerz. Trotzdem war der empfundene Friede stärker. Ich hatte endlich den Ort gefunden, wo ich wirklich existieren konnte; ich war endlich zu Hause. Nach mehreren Wochen sagte ich mir, dass ich nicht länger in Japan bleiben könne. Ich empfand die Notwendigkeit einem Meister zu begegnen, denn ich konnte den jungen Mönch, mit dem ich lebte, nicht als solchen betrachten. Eines Tages erhielt er eine Postkarte von einem seiner Mönchsfreunde, der Frankreich besuchte und ihm vom Dōjō in der rue Pernety erzählte. Er teilte mir dies mit und sagte, in Frankreich lebe ein großer Zen-Meister, »sehr stark und sehr lustig«, namens Taisen Deshimaru! Ich beschloss also mit der Transsibirischen Eisenbahn nach Frankreich zurückzukehren.

Trotz Ihrer Enttäuschungen über das Christentum haben Sie einen traditionellen Weg gewählt. Glauben Sie, dass es für einen spirituell Suchenden wichtig ist in einer Tradition zu bleiben?

Wir bewegen uns zwischen zwei Risiken: Wenn wir nicht einem traditionellen Weg folgen, welcher der Übermittlung durch einen Meister bedarf, der selber diese Übermittlung von einem anderen Meister erhalten hat, riskieren wir ganz einfach nur uns selbst zu folgen und uns in neuen Illusionen einzulullen. Die andere Gefahr besteht darin einer Tradition zu folgen, in der man in einer Form oder einer Praxis erstarrt, die zur Imitation eines Ideals wird und uns eine künstliche Persönlichkeit gibt. Man darf nicht Kulten oder Glaubensrichtungen blind folgen und dadurch den Kontakt mit dem Sinn der eigenen Erfahrung verlieren. Nicht zum Aberglauben zurückkehren, zu falschen Göttern oder zur gewöhnlichen Esoterik. Die Moderne stellt sich zu Recht gegen die Tradition und verwirft ihre Autorität, wenn sie auf Dogmen gegründet und von der lebendigen Erfahrung getrennt ist.

Das ist übrigens einer der Gründe für meine Trennung von der christlichen Tradition. In ihr sah ich nur noch den dogmatischen Aspekt: Christentum, das durch Katechismus, religiöse Erziehung oder durch sonntäglichen Kirchenbesuch übermittelt wurde. Andererseits existieren aber christliche Orden, die eine authentische Meditationspraxis bewahrten. Und ich hoffe, dass sie sie weitergeben.

Für mich bedeutet einer wahrhaften Tradition zu folgen, sich mit der Übermittlung einer mündlichen und geschriebenen Unterweisung auseinandersetzen zu können. Die mündliche Unterweisung ist wertvoll, denn sie trägt eine lebendige Erfahrung von Mensch zu Mensch weiter, die nicht von Schriften abhängt. Unsere Praxis wurde von dem aus erschaffen, was uns Meister Deshimaru weitergab.

Die traditionelle Lehre des Zen-Buddhismus beruht einerseits auf der Unterweisung, die Buddha, ausgehend von seiner Erfahrung der Erweckung, gab und andererseits auf der Unterweisung der Patriarchen und der Meister ausgehend von ihrer eigenen Erfahrung.

Wir lehnen die traditionelle Unterweisung nicht ab, die sich in den Sūtren ausdrückt. Wir lesen sie im Licht unserer eigenen Zazen-Erfahrung. Wir folgen ihr nicht wie einem Dogma, sondern wir aktualisieren sie ständig aufs Neue. Übrigens sagte Buddha selbst: »Glaubt nicht das, was ich euch sage, sondern verlasst euch auf eure eigene Erfahrung.« Auf diese Weise erschaffen wir aus der Tradition heraus wie ein Baum, der seine Äste aus tiefen Wurzeln heraus entwickelt.

Warum hielten Sie es für notwendig einem Meister zu begegnen, wenn Sie in Zazen anscheinend die Antworten gefunden hatten, die Sie suchten? Konnten Sie Zazen nicht allein praktizieren? Heutzutage glauben viele Leute allein praktizieren zu können. Was denken Sie darüber?

In Japan habe ich die Zazen-Praxis entdeckt; das war wunderbar! Ich hatte endlich den Ort gefunden, an dem ich leben wollte ... Aber intuitiv war mir klar, dass ich mich sehr rasch in eine Glückseligkeit zurückziehen konnte, die spirituelle Bequemlichkeit mit einer Art von Selbstbefriedigung verbunden hätte, die ich für Satori gehalten hätte.

Wenn ich nur der Praxis gefolgt wäre, wäre ich Gefahr gelaufen meine eigene Konzeption von Zen aufzubauen. Zazen praktizieren heißt, sich vor einen Spiegel zu stellen. Das kann auch das Ego stärken.

Was heißt das?

Anstatt sich durch die Praxis in Frage zu stellen, kann das Ego die Oberhand gewinnen und die Praxis benutzen, um sich selbst zu schmeicheln. Man haftet Erfahrungen an, bleibt stehen und denkt, dies stelle die Essenz des Zen dar! Man hält das, was nichts weiter ist als das Produkt einer neuen Konditionierung oder eine neue Begierde, für eine innere Offenbarung. So wird diese Praxis, die eine Quelle der Entwicklung und der Öffnung sein sollte, eine neue Illusion. Man muss wissen, dass unsere Fähigkeit zur Selbsttäuschung riesig ist. Um einem spirituellen Weg zu folgen und nicht unterwegs stehen zu bleiben, ist es nötig in Verbindung mit einem Meister zu sein, der uns ständig antreibt und uns jenseits dessen bringt, was wir zu verstehen glauben. Die Beziehung zum

Meister hindert den Schüler daran in der Befriedigung über ein begrenztes Verständnis stehen zu bleiben. Der Meister ist dazu da, um uns den Weg zu zeigen, den er selber durchlaufen hat, und es uns zu ersparen in einer begrenzten Erweckung stecken zu bleiben. Er stört uns in unserer ständigen Versuchung uns zu sagen: »Ich hab's! Ich habe verstanden!«

Als ich nach Frankreich zurückgekehrt war, dachte ich, ich hätte eine gute Haltung, zumal ich sie in Japan gelernt hatte ... Meine entscheidende Begegnung mit Meister Deshimaru fand nicht während eines *mondō* oder eines Gesprächs statt, sondern als er ins Dōjō kam und meine Haltung nachdrücklich korrigierte. Er hielt sein Knie an meinen Rücken und zog meine Schultern nach hinten, damit ich mich aufrichtete. Plötzlich begriff ich, dass er der Meister war. Bequem in meiner Haltung sitzend war ich zuerst überrascht und fragte mich: »Warum korrigiert er mich?« In Wirklichkeit muss meine Haltung sehr schlecht gewesen sein. Wenn ich Meister Deshimaru nicht begegnet wäre, hätte sich mein Rücken im Lauf der Jahre gewölbt und ich wäre vielleicht zusammengeschrumpft. Das gilt für die Haltung, aber vielleicht auch alles andere.

Nicht jeder hält es für notwendig, auf dem Weg des Zen-Buddhismus einem Meister zu folgen. Heutzutage besteht die allgemeine Tendenz sich dies ersparen zu wollen. Das ist meiner Meinung nach ein schlimmer Irrtum. Deshalb beharre ich so darauf. Ich weiß, dass viele Menschen in der Gendronnière einen Lehrgang machen wollen, um in zehn Tagen die Zazen-Technik zu erlernen und um dann für sich allein zu praktizieren. Diese Menschen unterschätzen ihren Bedarf, in der Praxis angeleitet zu werden. Die Praxis kann nicht auf eine Technik reduziert werden, die man in einem Buch studiert. Wir brauchen einen objektiven Spiegel. Unser Ego ist durch unsere Konditionierungen zu sehr begrenzt. Zazen kann, so wie der Meister, die Rolle des Spiegels übernehmen. Aber Zazen kann, im Gegensatz zu ihm, auch vom Ego eingenommen werden.

Manchmal sagen diejenigen, die nur sich selbst folgen möchten, sie hätten ihren »inneren« Meister und sie bräuchten keinem Meister aus Fleisch und Blut folgen. Als ich Meister Deshimaru Fragen stellen wollte, tauchte manchmal die Antwort in meinem Geist auf, bevor ich die Frage stellen musste. Ich hätte also naiverweise glauben können, es handele sich um einen »inneren« Meister.

Meiner Erfahrung nach kann man, indem man einem authentischen Meister folgt, im Lauf der Jahre seine Gegenwart verinnerlichen. Dann setzt sich der Dialog über Worte und Tod hinaus fort. Noch heute geschieht mir das. Ich denke, das ist auch bei den anderen alten Schülern der Fall. Kein Meister hat die Erweckung ohne spirituellen Führer verwirklicht.

Ist es notwendig einen bestimmten spirituellen Weg zu wählen?

Es ist offensichtlich, dass Sie niemals den Gipfel des Bergs erreichen, wenn Sie ständig den Weg wechseln. Es ist auch offensichtlich, dass die Sicht vom Gipfel des Bergs aus dieselbe ist, unabhängig vom zuvor eingeschlagenen Weg. Aber wie wir gesehen haben, macht das Gehen auf dem Weg im Zen-Buddhismus gleichzeitig den Weg und den Gipfel aus. Wir warten nicht darauf den Gipfel zu erreichen, um die Wahrheit zu sehen, denn sie existiert in uns und um uns herum bei jedem Schritt, bei jedem Umweg. Wir trennen nicht Praxis und Verwirklichung.

Welche Kriterien können die Begegnung mit einem spirituellen Meister ermöglichen?

Es ist schwer zu sagen, ob wir es sind, die den Weg wählen, oder ob es der Weg ist, der uns auswählt, und ob es ein bewusster oder unbewusster Prozess ist. Ich denke, dass sich die Begegnung mit dem Weg oder mit dem Meister in einem gegebenen Moment vollzieht und dass wir dann von diesem Weg ergriffen sind, der uns und dem, was wir suchten, vollständig entspricht. In meinem Fall gab es wohl eine bewusste Suche, aber Zazen hat mich in dem Moment erfasst, wo ich keine Wahl mehr hatte.

Die Begegnung mit dem Meister wird dadurch begünstigt, dass man sucht und sich seiner Grenzen bewusst wird. Man wird sich darüber klar, dass man in dieser Richtung nicht allein Fortschritte machen kann, dass man die Hilfe eines Menschen braucht, der selbst erfahren hat, was er lehrt.

Hat man den Weg einmal gefunden, muss die Praxis stärker sein als unser Geist des Auswählens und des Verwerfens, als unser begrenztes Ego. Das Praktizieren muss zunächst bewusst und absichtlich erfolgen, und erst später tritt ein Loslassen ein. Denn einem Weg zu folgen bedeutet auch, sich diesem Weg hinzugeben, über sein eigenes Ego hinauszugehen. Wenn wir uns nicht vollständig auf einen Weg festlegen, werden wir die Neigung haben überall ein bisschen herumzuschnüffeln. So zu handeln würde dem Ego entgegenkommen, es belohnen und bestärken. Dies führt zu einem spirituellen Materialismus, der den Geist des Verlangens verstärkt.

Wie kann man aber eine Wahl treffen, wo derzeit so viele »Tempelhändler ihre Ware feilbieten«?

Die Schwierigkeit besteht heute darin, dass in den Regalen der Buchhandlungen alles zur Verfügung steht und wir denken, einen spirituellen Weg, eine Schule, einen Meister mit Hilfe von diesem oder jenem Buch auswählen zu können.

Es stimmt, dass wir durch die Lektüre existierende Meister kennen lernen können, aber ich halte es vor allem für wichtig, ihnen auch zu begegnen und die Erfahrung einer ausreichend langen Praxis machen zu können.

Dann kommt die Angst sich getäuscht zu haben. Sie führt einen dazu bei der ersten Schwierigkeit aufzugeben. Sie ist sehr störend und hilft nicht. Es geht also darum, allem zu entsagen, um zu versuchen sich auf einen Weg zu konzentrieren. Ein Teil des Weges ist es, das Risiko einzugehen nicht das zu erhalten, was man sucht.

Welche Eigenschaften werden von einem Schüler verlangt?

Die Bemühung des Schülers richtet sich auf folgende Punkte: Vertrauen in die Unterweisung, Entwicklung von Energie, um zu praktizieren, sowie ein Forscherdrang, der darin besteht sich nicht mit einem Ergebnis zufrieden zu geben und nicht auf halbem Weg stehen zu bleiben. Der Schüler muss seine eigenen Fehler und Mängel sehen und die Kritik des Meisters annehmen können. Er muss Respekt und Liebe für den Meister empfinden, aber auch Angst. Er muss sich selbst als Kranken betrachten, der einen Therapeuten benötigt.

Aber vergessen wir nicht, dass alle Wesen ursprünglich das Wesen Buddhas in sich tragen und folglich die Fähigkeit dieses zu verwirklichen. Man sagt im Zen-Buddhismus: Welche Fehler der Schüler auch immer haben mag, »wenn der Meister gut ist, wird das Ergebnis gut sein«. Es existiert also kein ideales und einziges Modell der Verwirklichung. Ein guter Bildhauer kann aus einem krummen Holzstück ein schönes Werk schaffen.

Ich werde mich davor hüten ein Urteil zu fällen, ob jemand fähig ist einem Weg wie dem Zen-Weg zu folgen. Folgende Geschichte mag als Beispiel dienen: Eines Tages hielt jemand vor dem alten Pariser Dōjō in der rue Pernety an, weil ein Autoreifen geplatzt war. Nachdem er den Reifen gewechselt hatte, betrat er die Zen-Boutique, um sich die Hände zu waschen. Er schaute sich um und fragte: »Was ist das hier? Was machen Sie?« Wir antworteten ihm: »Das ist eine Zen-Boutique.« Er fragte weiter: »Was ist Zen?« Aber das Zazen sollte gerade beginnen und wir hatten keine Zeit ihm zu antworten. Also sagten wir ihm, wenn er sich beeilen würde, könne er daran teilnehmen und selbst sehen, worum es ging. Es war Mittag, und anstatt ein Sandwich essen zu gehen setzte er sich hin. Später wurde er Mönch und praktiziert nun seit fünfzehn Jahren. Der Weg existiert in jedem von uns. Wenn wir ein glückliches Leben führen möchten, müssen wir versuchen uns dieser inneren Wahrheit zu nähern.

Wo wir gerade die Zeichen erwähnen, die ein Schicksal markieren können, lassen Sie uns zu Ihrer Begegnung mit Meister Deshimaru zurückkehren. Wie fand der erste Kontakt statt, und was hatte er Ihnen gesagt?

Ich hatte ihn zum ersten Mal im September 1972 gesehen, während der Zen-Woche in Zinal, die von der europäischen Zen-Vereinigung mit Hilfe von Gérard Blitz[3] organisiert wurde. Meister Deshimaru hielt die Eröffnungsansprache. Er wünschte allen Reinheit, Schönheit, Energie und die Möglichkeit die zehn Prinzipien anzuwenden, deren erstes heißt: »Vor der kosmischen Ordnung Angst haben.«

Man muss sagen, dass er diese kosmische Ordnung so gut verkörperte, dass ich eine ganze Woche lang nicht wagte mich ihm zu nähern. Mein einziger Kontakt war seine heftige Korrektur meiner Haltung und seine kräftigen Kyōsaku-Schläge. Alles was ich ihm hätte sagen können, um mich ihm zu nähern, schien mir unbedeutend. Später hörte ich oft, wie Leute sich beklagten, dass die Umgebung von Sensei den Kontakt behindere, den sie mit ihm wünschten. Aber dieses Hindernis war ein inneres Hindernis. Mehr noch als Zazen war Taisen Deshimaru der Spiegel, der mich so gut auf meinen Platz zurückwies, dass ich mich nicht zu bewegen wagte.

3 Zen-Mönch, Gründer und lange Jahre Vorsitzender des Club Méditerranée, Generalsekretär der europäischen Union der nationalen Yogaverbände.

Mehrere Monate lang wandte ich mich an ihn nur während der Mondō im Dōjō. Ich gebe zu, dass meine Fragen oft nur Vorwand waren, um mit ihm einen Austausch zu haben. Im folgenden Sommer machte ich mit einer Freundin, die kein Zazen praktizierte, einen Campingurlaub. In einer schlaflosen Nacht, in der ich an die Nichtigkeit dieses Urlaublebens dachte, erschien mir Sensei wie im Traum und sagte mit starker Stimme: »Du musst Zazen machen.« Das tat ich augenblicklich am Strand. Da fühlte ich viel stärker als beim ersten Mal, dass Zazen und das Teilen dieser Praxis mit den anderen der wahre Sinn meines Lebens war und dass es nichts anderes zu suchen gab. Welch große Erleichterung angesichts dieser Gewissheit! Sensei zeigte mir den Weg, der da war, genau vor mir, und den ich nur durch mich erkennen konnte.

Beim Morgen-Zazen antwortete Sensei oft auf Fragen, die ich mir abends beim Einschlafen gestellt hatte. Eines Tages, als ich ihm meine Verwunderung darüber mitteilte, antwortete er einfach: *»i shin den shin«* (von meinem Herzen zu deinem Herzen).

Einige Monate später bat ich um die Mönchsordination. Die Zeremonie verlief mit dem üblichen Eifer und der üblichen Heiterkeit des Pernety-Dōjō. Obgleich ich Ritualen gegenüber allergisch war, war ich außerordentlich beeindruckt. Von jetzt an schien mir der Weg einfach und unbegrenzt. Es kam darauf an, ewig mit der *sangha* Zazen weiterzumachen und dazu beizutragen diese Praxis anderen zugänglich zu machen. In diesem Augenblick war es nicht mehr nur ich, der Zazen machte. Aber wie kann ich das ausdrücken ...?

Ich brauchte fast zwei Jahre, um Sensei endlich unter vier Augen zu begegnen. Eines Abends bat mich seine Sekretärin um Hilfe bei einer Übersetzung, und ich betrat seine Wohnung. Einen Moment später kam Sensei dazu. Er setzte sich neben mich. Sehr beeindruckt von seiner Gegenwart stellte ich ihm eine Frage, die mich zu dieser Zeit oft beschäftigte: »Warum existiert eher etwas, als dass nichts existiert?« Er antwortete mir sofort: »Du darfst nicht nur die Zweige und die Blätter sehen, sieh auch die Wurzeln.« Diese Antwort blieb ein großes Kōan, eine Wahrheit jenseits des Versuchs sie zu begreifen. Wie auch immer, an diesem Abend unterbrach Sensei schnell meine metaphysische Stimmung, indem er mich eine ganze Flasche Roséwein trinken ließ, und da ich gewöhnlich nur Tee trank, hatte der Alkohol rasch die beste Wirkung. Ich vergaß alle meine geistigen Verwicklungen und die Furcht, die

Sensei mir weiterhin einflößte. Im Lauf des Abends sagte er mir, dass er seit Zinal über meine Anfänge im Tempel von Kōdō Sawaki Bescheid wusste und dass er auf mein Kommen gewartet hatte. Wir haben über Japan gesprochen, von dem Mönch, der mich in Zazen einführte und den er kannte. Dann erzählte er mir Geschichten über seinen Meister Kōdō Sawaki, aber als Erinnerung an diesen Abend blieb eingemeißelt, dass wir miteinander vertraut waren und es bis zu seinem Tod blieben.

An diesem Abend war ich betrunken und kam nur mühsam nach Hause. Meine Freundin verstand, dass etwas Wichtiges geschehen war, das uns bald trennen würde. Schluss mit den Kompromissen; ich war entschlossen vor allem anderen meinem Meister zu folgen. Aus dieser Erfahrung heraus sehe ich, dass nichts passiert, solange man zögert und nicht entschlossen ist sein Leben zu ändern. Aber wenn wir keine Wahl mehr haben, erscheint der Weg, und der Meister kommt.

Funktioniert die Sangha heute anders als damals, als Meister Deshimaru noch lebte?

Zu Meister Deshimarus Zeiten gab es einen einzigen Meister. Heute gibt es eine gewisse Anzahl von Sesshin-Verantwortlichen, die den Platz des Meisters einnehmen, wenn sie Godō sind. Aber weil wir mehrere sind, können wir im Wechsel Lehrer und Schüler sein. Wir korrigieren uns gegenseitig. Wichtig ist die Art, wie wir die Unterweisung von Meister Deshimaru fortsetzen; das machen die älteren Schüler gemeinsam. Es gibt vier Haupt-Godō, aber auch Dōjōleiter und Sesshin-Verantwortliche. Dadurch sind wir nicht immer in der Position des Meisters. Wir haben so immer die Gelegenheit, mit dem Gesicht zur Wand zu sitzen und von den anderen korrigiert zu werden.

Das bedeutet, dass Roland Rech vorübergehend den Status des Godō und des Präsidenten der Zen-Vereinigung verlassen und ein einfacher, anonymer Praktizierender unter dreihundert Leuten werden und selbst das Kyōsaku empfangen kann.

Genau! Es ist wichtig, niemals in einer erlangten Position zu erstarren und sich zu sagen: »Jetzt bin ich ein Meister geworden ...« Ich muss hinzufügen, dass wir auch von den anderen lernen, wenn wir unterweisen. Es existiert ein ständiger Wechsel zwischen der Position des Übermittelns und des Empfangens.

Die Zazen-Praxis ist zugleich Beobachtung seiner selbst, Wachsamkeit und Konzentration. Daher ist es offensichtlich, dass niemand an unserer Stelle Zazen praktizieren kann, zugleich bleiben wir aber begrenzt, wenn es nicht eine Hand von außen gibt, die uns korrigiert. Aus diesem Grund gibt es im Zen die drei Schätze: Buddha, Dharma und Sangha. In unserer aktuellen Situation spielt die Sangha eine sehr große Rolle.

Eine authentische Übermittlung fand immer durch einen Meister statt, durch einen kompetenten Menschen, der von seinesgleichen anerkannt wurde. In Frankreich haben zahlreiche Leute gesagt, da Meister Deshimaru nicht mehr da ist, sei es nicht möglich den Zen-Weg weiter zu verfolgen. Ohne Meister alles vergebens? Man scheint zu glauben, dass die Gegenwart eines Meisters ein Garantiestempel sei!

Im Tempel La Gendronnière wurde diese Frage Meister Deshimaru kurz vor seinem Tod gestellt. Es war am Anfang des Wintersesshin 1981; viele Dōjōverantwortliche befanden sich dort und wünschten ein Gespräch mit ihm.

Damals bat Sensei mich, sie zu fragen, was genau sie wollten, denn er mochte keine Sonderversammlungen; er war immer bemüht alle zu unterrichten, ohne Unterschiede zwischen Anfängern und Dōjōverantwortlichen zu machen. Ich versammelte sie also im Speisesaal und fragte: »Warum wollt Ihr Sensei sprechen?« Ihre Frage war: »Wie kann man die Übermittlung des Zen in den Dōjō fortsetzen, wenn man nicht als Zen-Meister anerkannt ist?« Als ich Sensei diese Frage mitteilte, wurde er wütend und sagte zu mir: »Was denn? Ich unterrichte seit Jahren, und ihr müsst vollständiges Vertrauen in meine Unterweisung haben. Ihr müsst aus dieser Unterweisung heraus erschaffen und Vertrauen in euch und in die Praxis haben.« Für ihn stellte sich nicht einmal die Frage, Meister zu sein oder nicht. Was für ihn den Meister ausmachte, war die Kunst die wahre Praxis und das Vertrauen in diesen Weg weiterzugeben. Die Essenz des Satori ist die wahre Praxis. Das wahre Erwachen ist, sich der Zazen-Praxis hinzugeben und von dieser Praxis aus zu leben, ohne eine besondere Erleuchtung zu suchen. Aus diesem Grund haben seine nahen Schüler keinen Augenblick lang gezweifelt, als Meister Deshimaru starb. Sie praktizierten und übermittelten weiterhin Zazen mit Vertrauen, denn sie sahen keine Trennung zwischen Zazen-Praxis und Satori.

Wie fand die Übermittlung nach dem Tod von Meister Deshimaru statt?

Man muss wissen, dass Meister Deshimaru einige Schüler als Kandidaten für das *shihō* bestimmt hatte, die er *shussō* nannte. Er hatte eine Liste angelegt, in der seine Schüler aufgeführt wurden, die er die *Diamantschüler* nannte.

Vor seinem Tod hatte er die Absicht mehrere Shihō zu geben, aber letztendlich hat das Schicksal anders entschieden. Drei der von ihm schon ausgewählten Schüler haben das Shihō von Niwa-Zenji erhalten. Es muss unterstrichen werden, dass die Schüler, die Sensei ausgewählt hatte, sich nach seinem Tod nicht selbst bestätigt haben, sondern von der Versammlung der ältesten Schüler bestimmt wurden. Ich füge hinzu, dass wir Niwa-Zenji nicht kannten, und was eine einfache Formalität sein sollte, sich in eine unvergessliche Begegnung wandelte, die schwer zu beschreiben ist.

Wie haben Sie persönlich diese Anerkennung erlebt? Welche Wichtigkeit hat das Shihō?

Die Möglichkeit, die Unterweisung von Meister Deshimaru weiter zu übermitteln, gab mir viel Kraft und Vertrauen. Die Essenz des Shihō ist, dass wir Buddha sind. Der Stellvertreter Buddhas übermittelt uns das Shihō und gibt uns dieses tiefe Vertrauen in die Tatsache, dass wir selbst mit unserem Karma, mit unserer Unvollkommenheit und unserer Begrenztheit Buddha sind. Dies wird in der Shihō-Zeremonie wunderbar dargestellt. Am Anfang macht der Schüler *sampai* vor dem Meister, und am Ende der Zeremonie werfen beide sich Seite an Seite vor dem Buddha nieder, was bedeutet, dass sie gleich geworden sind.

Geschah es in der Geschichte des Sōtō-Zen-Buddhismus zum ersten Mal, dass ein Meister keinen Schüler als Nachfolger bestimmt hat? Es ist zum Beispiel klar, dass Meister Kōdō Sawaki Taisen Deshimaru dazu bestimmt hat, Zen in Europa bekannt zu machen …

In der Geschichte der Übermittlung des Zen gibt es alle Arten von Abenteuern. Man kann feststellen, dass nicht immer eine direkte Übermittlung von Meister zu Schüler stattfand. Was nach dem Tod von Meister Deshimaru passierte, ist nicht einmalig in den Annalen. Es gab schon früher Zeiten, in denen ein Meister keinen Schüler bestätigt hat und es nach seinem Tod der Meister einer anderen Linie tat.

Sie erwähnten vorhin einen im Buddhismus sehr berühmten Ausdruck, »von meinem Herzen zu deinem Herzen«. Welche Bedeutung hat er?

Das bedeutet, dass die Übermittlung des Erwachens Buddhas, seines Geistes, jenseits von Schriften und Sprache stattfindet. Diese Übermittlung verwirklicht sich vor allem im Dōjō durch die Zazen-Praxis mit dem Meister.

Der andere Aspekt dieses Ausdrucks bezieht sich auf das Verhältnis zwischen Meister und Schüler im Alltag. Zum Beispiel kann es vorkommen, dass wir dem Meister einige Fragen stellen möchten und dass zufällig, ohne dass wir diese Fragen stellen, der Meister darauf in direkter oder indirekter Weise antwortet. Das heißt, dass der Meister den Geist des Schülers berührt, ohne dass dieser die Frage stellen muss. Dies ist eine rätselhafte Beziehung, die durch das Unbewusste des Meisters und des Schülers fließt und sich durch die gemeinsame Praxis entwickelt.

Der Ausdruck hat seinen eigentlichen Ursprung in der lautlosen Übermittlung, die zwischen Buddha und seinem Schüler Mahākāśyapa stattfand. Während eines Vortrags nahm Buddha eines Tages eine Blume und drehte sie schweigend zwischen den Fingern vor seinen Schülern. Dann sagte er: »Ich besitze das Auge des Schatzes des wahren Dharmas, den wundervollen Geist des Nirvāna. Jetzt gebe ich es weiter an Mahākāśyapa.« Jenseits jeder Predigt, jeder Erklärung hat der Schüler das Wesen der Blume selbst gesehen, die Blume so wie sie war.

Während der ersten Zeit meiner Praxis hat mich diese Wahrnehmung der Wirklichkeit sehr getroffen: das, was man im Buddhismus das So-Sein nennt, die Tatsache so zu sein, jenseits von allem, was man darüber sagen kann, jenseits von Gut und Schlecht, von Wahr und Falsch. Es ist die Wahrnehmung der Wirklichkeit jenseits der Sprache. Man erkennt, dass Erklärungen endlos weitergehen können und dass man in einem bestimmten Moment aufhören muss, denn das Wesentliche kann nicht ausgedrückt werden. Dies kann sich in einer gewissen Art von Aufmerksamkeit zeigen, in einem Blick oder einem Geisteszustand, der in dem Moment verwirklicht wird, in dem man jede Absicht etwas zu verstehen, zu erfassen oder zu entscheiden aufgibt, in dem Moment, in dem es keine Trennung mehr gibt zwischen der Blume, so wie sie ist, und dem, der sie betrachtet. Aber diese Erklärung bleibt unklar; in diesem Moment kann nur die Geste Klarheit schaffen. Hört auf damit, Zazen erklären zu wollen, und macht Zazen!

Das Bewusstsein, das man beim Zazen verwirklicht, wenn es frei von Sprache ist, nennt man das Hishiryō-Bewusstsein. Es ist frei von Intellekt und jedem dualistischen Aspekt. Es ist dasselbe Bewusstsein bei Schüler und Meister. Die Übermittlung, die beim Zazen geschieht, ist die Übermittlung dieses Geistes. Deswegen legen wir so viel Wert auf die Praxis; nur durch sie kann sich diese Erfahrung manifestieren. Man kann sie weder wirklich erklären noch beschreiben, ohne das Wesentliche zu verraten!

Ich erinnere mich an den Mönch, mit dem ich anfangs Zazen machte. Als ich ihm Fragen stellte über die japanische Pflanzenwelt, die ich zum ersten Mal sah, antwortete er mir lachend: »*It is what it is*« (es ist was es ist). Das war das Einzige, was er mir mit Worten erklärte. Heute wird mir klar, dass dies die wesentliche Unterweisung des Zen darstellt.

Wir haben gerade über das Verhältnis zwischen Meister und Schüler gesprochen. Kann man in diesem Verhältnis von einem Fortschreiten bzw. einer Evolution sprechen?

Am Anfang ist der Meister der Meister, und der Schüler ist nur der Schüler. Es existiert eine große Distanz zwischen dem einen und dem anderen, eine Art Ehrerbietung, Furcht, denn der Meister erscheint »ganz anders«, zumindest war es für mich so. Der Meister hat eine sehr kraftvolle Spiegel-Wirkung. Wenn wir ihm Fragen stellten, nahmen wir sofort die Nichtigkeit unserer Fragen und unserer Wünsche wahr, und gleichzeitig empfanden wir die Notwendigkeit ihn zu fragen, denn wir spürten, dass er in einer viel tieferen Wirklichkeit lebte als wir, einer Wirklichkeit, die in uns war, uns aber entging.

Durch die gemeinsame Zazen-Praxis begannen wir nach und nach diese Erfahrung zu teilen. Wir lebten mehr und mehr in dieser Wirklichkeit, die wir beim Meister bemerkt hatten. Der anfängliche Zwischenraum verringerte sich und wir sahen, dass dieser Geist, der nur dem Meister zu gehören schien, der uns »ganz anders« erschien, in uns ebenfalls existiert. Es ist nicht der Meister, der uns seine Erfahrung weitergibt; durch die Unterweisung, durch die Zazen-Praxis, eignen wir uns unsere eigene Wirklichkeit erneut an. So spüren wir, dass der Unterschied zwischen ihm und uns nicht mehr so wichtig ist.

In diesem Zusammenhang gibt es ein Gleichnis: das Gleichnis vom Sohn eines reichen Mannes. Ein Kind verließ sehr früh das Haus seines Vaters und lebte mit den Bettlern. Jahrelang ließ sein Vater ihn suchen, bis er ihn schließlich fand. Der Sohn wollte nicht zugeben, dass der reiche Mann sein Vater war, so musste dieser eine List anwenden. Er stellte seinen Sohn als niedrigen Arbeiter ein. Dieser arbeitete sich immer mehr nach oben und erledigte immer wichtigere Aufgaben. Bis zu dem Moment, wo er das Wort seines Vaters akzeptieren konnte, der ihm sagte, er sei sein Sohn und alle seine Reichtümer gehörten ihm. Aber das brauchte Zeit, denn der Sohn war dermaßen an seine eigene Misere gewöhnt, dass er nicht glauben konnte der würdige Erbe dieses reichen Mannes zu sein. – Das ist übrigens auch die Geschichte des verlorenen Sohnes im Neuen Testament.

Oft sagt man, dass der Meister dem Schüler viel gibt. Kann man denn sagen, dass der Meister genauso viel vom Schüler erhält?

Ich denke, dass der Meister keinen Schüler benötigt. Wenn er Schüler nötig hätte, wäre er kein Meister. Andererseits gibt es Leute, die Schüler brauchen, um sich als Meister zu fühlen. Geschichtlich gesehen stimmt es, dass man von jemandem sagt, er sei ein großer Meister, weil er viele Schüler hatte.

Aber es gab ebenfalls viele Meister, die keine Schüler hatten. Meister sein heißt sein wahres Wesen verwirklicht zu haben und nichts zu benötigen. Aus Mitgefühl die Lehre weitergeben zu wollen ist der natürliche Ausdruck der Verwirklichung. Dies bedeutet nicht, dass der Meister nichts vom Schüler empfängt. Zum Beispiel sagte Meister Deshimaru, wenn wir nicht da wären, würde er manchmal morgens nicht aufstehen, um Zazen zu machen. Der Meister wird von seinen Schülern in eine intensive Praxis gezogen. Durch sein Fordern hält der Schüler den Meister an, weiterhin Meister zu sein. Er veranlasst ihn zu praktizieren und verschiedene Möglichkeiten zu finden, um den Weg auszudrücken und zu unterweisen.

Was ist der Ursprung des Namens »Sanzen-Praxis«?

San bedeutet Vereinigung, Begegnung. Die wahre Übermittlung des Zen geschieht durch die Zazen-Praxis im Dōjō in Gegenwart eines Meisters der Übermittlung. Es ist die Begegnung mit sich selbst, mit dem Geist Buddhas, der von Meister zu Schüler übermittelt und durch den im Dōjō gegenwärtigen Meister verkörpert wird. Die Praxis kann nur durch jeden persönlich gelebt werden. Die Übermittlung ist nicht etwas, das von außen an uns herangetragen wird. Die wahre Übermittlung ist eine Übermittlung von einem selbst zu sich selbst. Sie wird möglich durch jemanden, der gegenwärtig ist, der sie an den Tag legt und aktualisiert, der sie selbst empfangen hat.

Wie lief die Unterweisung von Meister Deshimaru außerhalb des Dōjō ab?

Wie Kannon[4] mit tausend Händen benutzte Sensei alle Erscheinungsformen, um seine Schüler zu unterrichten. Durch die Abende, die wir gemeinsam verbrachten, konnten wir unsere *bonnō* in dem Spiegel sehen, den Sensei uns durch seine einfache Gegenwart vorhielt. Er rief uns abends oft zusammen. Ich sagte mir: »Das werde ich nutzen, um ihm eine Frage zu stellen.« Aber als ich vor ihm stand, hatte die Frage sich verflüchtigt wie ein Gedanke beim Zazen am Ende der Ausatmung. Nichts Persönliches war mehr wichtig. Ohne persönliches Begehren konnten wir wirklich zusammen spielen und Pläne machen. Während dieser Abende geschah es zum Beispiel, dass wir die Schüler durchgingen. Wir schrieben ihre Namen auf eine Tafel, wobei Sensei sich damit amüsierte, sie höher oder tiefer einzuordnen (die höchsten waren die diamantenen, dann kamen die goldenen, dann die blauen, dann die rosafarbenen Schüler). Aber wenn unser eigener Name auf der Tafel erschien, war dies vor allem die Gelegenheit zu erkennen, dass uns seine Bewertung nicht gleichgültig war.

In anderen Momenten wenn wir Meister Deshimaru sehen wollten empfing uns seine Sekretärin, und er ließ sie fragen, was wir wollten. »Er möchte Sie wegen einem persönlichen Problem sprechen.« – »Sagen Sie ihm, dass Sensei sich ausruht.« Wenn der Besucher dagegen antwortete, dass er nichts wolle außer ihn sehen, antwortete er sofort: »Einverstanden, lass ihn hereinkommen.« Ein anderes Mal, bei einem Problem in der Sangha, wollte Sensei sich mit seinen nahen Schülern beraten. Wenn er dann jemanden kritisierte, konnten wir seine Kritiken hören, als wären sie an uns adressiert, denn häufig kritisierte er uns nicht direkt. Das schlimmste Verhalten bestand darin, denjenigen, den er kritisierte, zu vertei-

4 Der *Bodhisattva* des Mitgefühls.

digen: Sensei nahm es wie eine Ablehnung seiner Unterweisung, und der Verteidiger wurde augenblicklich der erste Angeklagte. »Wer täuscht sich?«, fragte er wütend. Einige konnten sich niemals davon erholen ... Man musste die Quelle seines Geistes verstehen und sich nicht in den Argumenten verlieren, die in der gewöhnlichen Welt gebräuchlich sind. Es konnte auch passieren, dass Sensei einfach Lust hatte sich zu entspannen, und er erzählte dann drollige Geschichten wie die von den Goldkugeln von Kōdō Sawaki, über die wir Tränen lachten (vor allem weil Sensei selbst immer viel darüber lachte). Bitten Sie einen Mönch sie Ihnen zu erzählen, denn man kann sie sehr schlecht zu Papier bringen.

Im Sommer 1978 verbrachten Sensei, Anne-Marie, Annick, Evelyn, Étienne und ich einen Nachmittag gemeinsam am Ufer des Lac de Tignes. Sensei schlug vor Boot zu fahren. Er nahm die drei Frauen mit sich, und ich nahm mit Étienne ein anderes Boot. Wir hatten jeder ein Ruder in der Hand, während Sensei allein ruderte, ermutigt von seinen Sekretärinnen. Einen Moment später (in dessen Verlauf Sensei genug Zeit hatte uns zu beobachten) schlug er uns ein Rennen vor: Wer würde als erster ans andere Ufer gelangen? Eine interessante Regatta für Bodhisattvas!

Étienne und ich brachen in Lachen aus: Er ist verrückt, er wird klar geschlagen werden, und dann sind wir es wieder, die kritisiert werden (Sensei hatte uns gerade tüchtig den Kopf gewaschen, weil wir Ski fuhren und ihn allein am Esstisch sitzen ließen). Aber wir beschlossen trotzdem das Spiel mitzumachen. Wir griffen jeder unser Ruder und zogen mit aller Kraft. Wir rissen unser kleines Boot in einen Schaumstrudel fort, aber wir fuhren Zickzack wie Betrunkene. Sensei hingegen sauste gerade zum Ziel inmitten des hysterischen Geschreis seiner Bewunderinnen: »Gyatei! Gyatei!« Wir haben von dieser Episode noch abends im *kusen* sprechen hören. Selbstverständlich konnten mehrere Schlüsse in Form von Kōan aus dieser Geschichte gezogen werden. Aber das Beste ist dies offen zu lassen wie das Leben!

II

Der Sinn der Tradition

Kann eine authentische Übermittlung nur von einem »erwachten« Menschen sichergestellt werden?

Ja gewiss, aber man müsste vielleicht diesen Begriff des Erwachens klären. Was ist ein Erwachter? Und zu was erwacht man in der Praxis des Zen-Buddhismus?

Zu allererst erwachen wir zum wahren Verständnis unser selbst. Wir erhellen unsere »Schatten«, unsere Bonnō, ohne an der Suche nach dem Satori zu haften. Meister Dōgen sagte: »Die gewöhnlichen Leute machen sich Illusionen über das Satori; die Buddhas machen Satori aus ihren Illusionen.«

Bonnō entstehen aus den Ursachen des Leidens, insbesondere daraus, dass wir äußeren Objekten anhaften. Dies kommt daher, dass wir nicht authentisch sind. Diese Leere füllen wir ständig mit etwas, das außerhalb von uns ist. Im Zen predigen wir nicht Asketentum oder Gleichgültigkeit, sondern Nicht-Abhängigkeit. Zum Beispiel besteht wirkliche Liebe nicht darin, gebunden und vom geliebten Wesen abhängig zu sein. Wenn der Geliebte einzig dazu da ist einen Mangel auszugleichen, entsteht eine unglückliche Leidenschaft, die in Beklemmung und in Angst vor Verlust fortlebt. Solang wir unserer wahres Wesen nicht verwirklichen, besteht dieser Mangel weiter. Wesentlich ist, dass wir uns dessen bewusst werden, dass wir uns in einem Gefühl des Mangels befinden. Wir alle sind davon betroffen, und wir versuchen verzweifelt, diesem Zustand in einer rasenden Suche nach Objekten der Befriedigung zu entfliehen.

Dieses Mangelgefühl ergibt sich aus der Empfindung vom Universum getrennt zu sein, während wir in Wirklichkeit mit ihm in Einheit sind. Diese Wirklichkeit können wir beim Zazen erfahren und tief in unserem Inneren erkennen, dass bereits alles da ist.

Es geht folglich darum, zu seinen Bonnō zu erwachen, sein Mangelgefühl zu verstehen und zu sehen, woher es kommt. Auch geht es darum, jegliche daraus entstehende Bindung zu beobachten: Begehren, Anziehung, Hass, Ablehnung, Ignoranz, mit anderen Worten das Nicht-Kennen seiner selbst. Meister Deshimaru kannte seine eigenen Bonnō sehr genau und half uns die unseren zu entdecken. Erwacht sein hat zur Grundlage, zu seinen eigenen Illusionen zu erwachen, ohne zu versuchen das Erwachen wie eine Art endgültige, mystische Erleuchtung zu erlangen. Sich selbst entdecken bedeutet sein Karma, seine Illusionen, seine Leidenschaften, die Wurzel der Leiden zu verstehen, und schließlich in dem Maß, in dem man diese Mechanismen sieht, nicht mehr davon abzuhängen.

Der zweite Aspekt dieses Erwachens besteht darin zu verstehen, dass alle Bonnō im Grunde Leerheit sind, das heißt, dass sie kommen und gehen. Durch Zazen können wir einen Zustand der Freiheit und der Loslösung von den Bonnō erfahren. Selbst wenn dieses Bewusstwerden nur während des Zazen andauert, ist es eine entscheidende Erfahrung, die uns zeigt, dass alle Anhaftungen und geistigen Phänomene, die erscheinen, sehr schnell zur Leerheit, zum Nicht-Denken zurückkehren. Wir verstehen, dass dieses ganze mentale Theater, das sich im Alltag abspielt, eigentlich nicht mehr Substanz hat als ein Traum, als ein Trugbild. Die Erscheinungen existieren, haben aber keine Substanz. Dieses führt mit der Zeit zu einem Loslassen, da wir unser Leben entdramatisieren. Kurz vor seinem Tod hinterließ ein Zen-Meister sein Testament in den Worten: »Das Leben ist ein Traum.« Das zu erkennen ist ein großes Erwachen.

Dieses Erwachen ereignet sich im Hishiryō-Bewusstsein des Zazen, jenseits des Denkens. Es ist die Rückkehr zum Normalzustand des Seins. In der Tradition des Sōtō-Zen ist das, was man das Erwachen nennt, Zazen selbst. Es gibt keine Dualität zwischen Zazen-Praxis und einem Erwachen, das man durch unbewegliches Sitzen erlangen könnte. Zazen ist die Verwirklichung des Erwachens! Folglich ist die erwachte Person, die Zen weitergibt, zur wahren Zazen-Praxis erwacht.

Das Erwachen, das wir beim Zazen erleben können, führt zu einem besseren Verständnis unser selbst im täglichen Leben und dazu, Augenblicke von Satori außerhalb des Zazen zu erleben. Nach und nach erleben wir den Alltag wie eine Verlängerung des Zazen. Das wandelt unsere Art zu handeln, zu denken und zu sein um. Aber dies kann nur unbewusst und natürlich geschehen. Es gibt kein Leben, in dem ein Zustand von konstantem Satori existiert, in dem alle Bonnō eliminiert sind. Ich glaube, dass wir ständig vom einen zum anderen gehen. Es gibt keine absolute Trennung zwischen Erwachen und Illusion. Von Augenblick zu Augenblick erwacht man aus seiner Illusion.

Liegt in der Suche nach dem Meister nicht oft ein Stück Infantilismus? Dient der Meister nicht oft als Vater oder Mutter, auf den man all die Bedürfnisse projiziert, die während der Kindheit nicht befriedigt werden konnten?

Nein, man projiziert auf ihn nicht all das, was man nicht erhalten hat, sondern man sieht in ihm das verwirklicht, was in uns versteckt und verschwommen bleibt.

Meister Deshimaru hatte in sich die Kraft und die Weisheit eines Vaters und die Liebe und das Mitgefühl einer Mutter. Die Liebe, die man ihm gegenüber empfinden konnte, hatte etwas Stimulierendes und nichts Verwirrendes. Sein Ziel war uns dazu anzuregen, der gleichen freiheitlichen Praxis zu folgen wie er, ohne dass wir uns an ihn als Person hängten. Bei ihm gab es kein Verlangen nach Macht über Menschen, sondern nur den einfachen Wunsch uns wahrhaft frei zu machen. Er strebte danach uns mit unserem eigenen Schatz bekannt zu machen, unserem eigenen Buddha-Wesen, anstatt die Weisheit bei den anderen zu suchen – wie in dem Gleichnis über den Sohn des reichen Mannes im Lotos-Sūtra.

Wie erkennt man heutzutage einen wirklichen Meister angesichts der Zunahme der Sekten, die sich eher darum kümmern die Brieftaschen zu leeren als die Herzen zu befreien?

Es stimmt, heutzutage gibt es viele falsche Meister und viele falsche Gurus an der Spitze von Sekten. Dies schafft natürlich ein berechtigtes Klima von Misstrauen und Furcht. Dieses Gefühl wirkt sich dann auf die Vorstellung von einem Meister aus. Das ist schade.

Auch kann man sagen, dass die spirituelle Nachfrage heute extrem stark ist und diese Nachfrage falsche Meister hervorbringt, die sich selbst auf den Thron erheben und nicht das praktizieren, was sie unterweisen. Erinnern wir uns: Ein falscher Meister lehrt vor allem einen irrigen Weg, der nicht zu einer authentischen Befreiung führen kann, einen Weg, der nur das Ergebnis von leeren Worten ist und nicht auf eine tiefe Erfahrung gründet. Schon allein die Behauptung Meister zu sein ist suspekt. Zu glauben etwas erreicht zu haben ist eine große Behauptung. Besser ist es, bescheiden ewig ein Schüler zu bleiben, selbst wenn andere einen auf die Position des Meisters setzen, weil sie Respekt empfinden und Vertrauen in das, was er darstellt und ausdrückt. Ich füge hinzu, dass die Anzahl der Schüler nichts mit der Authentizität des Meisters zu tun hat. Heutzutage sind manche Leute dermaßen desorientiert, dass sie bereit sind, wem oder was auch immer zu folgen. Sie lachen, wenn die Masse lacht.

Der Wunsch nach einem spirituellen Meister entspricht einer Evolution unserer Zivilisation, denn wir leben in einer Epoche, in der Ideologien und Systeme ihre Bedeutung verlieren. Jeder muss selbst einen Bezug oder einen Führer finden.

Aber, um zur ursprünglichen Frage zurückzukehren, es gibt da zwei Aspekte. Zum einen ist es notwendig, dass Vertrauen, dass ein Glaube da ist, der starke Wunsch nicht einer Person als solcher zu folgen, sondern dem Weg, dem diese Person gefolgt ist. Das bedeutet, dass diese Person in ihrem Alltag die Verwirklichung dieses Weges verkörpert. Dabei handelt es sich um eine subjektive Wahrnehmung. Auf diese kann man zwar nicht seine Überlegungen gründen, aber sie erlaubt uns zumindest eine erste Entscheidung, wem man folgen will.

Zum anderen ist ein wahrer Zen-Meister der Erbe der Unterweisung Buddhas. Er hat dank einer langen Kette von Meistern und Schülern die Übermittlung erhalten und wurde von einem bestätigten Meister beglaubigt. Es existiert also ein objektives Kriterium. Es kann vorkommen, dass jemand, der der Unterweisung eines wirklichen Meisters gefolgt ist, von diesem Meister aus verschiedenen Gründen nicht bestätigt worden ist, was bei uns durch den Tod von Meister Deshimaru der Fall war. Unter diesen Umständen ist es notwendig, nach der Bestätigung eines anderen Meisters zu suchen, um sich nicht selber zu bestätigen. Die Weiterführung dieser ununterbrochenen Kette von Bestätigungen seit Buddha von Meister zu Schüler ist wichtig, und ich wiederhole: es ist sehr gefährlich, sich selber zum Meister zu ernennen. Daraus kann Missbrauch und Zweifel entstehen.

Man kann hinzufügen: Um ein Meister zu werden, ist es wesentlich Schüler gewesen zu sein und es zu bleiben. Das heißt, sich ständig in Frage stellen zu können und nie zu glauben, dass man ein Ziel erreicht hat. Diese Haltung muss einem Schüler weitergegeben werden und nicht eine starre Wahrheit, die ein für alle Mal erreicht wird. Meister Deshimaru motivierte uns dem Weg zu folgen, dem er folgte, einer Wahrheit jenseits seiner Person. Wenn ich jemanden ordiniere, halte ich ihn also nicht an mir zu folgen, sondern dem Weg zu folgen, dem ich folge, das heißt der rechten Zazen-Praxis, so wie sie mir von Meister Deshimaru übermittelt wurde.

Was unterschied einen Weisen wie Meister Deshimaru von einem anderen Menschen? Was zeigte in seinem Leben, dass es sich um einen Meister handelte, selbst wenn er sich bei einigen in Misskredit gebracht hatte, weil er trank und rauchte?

Nun, ich werde es Ihnen sagen. Auf jeden Fall nicht die Frage, ob er rauchte oder nicht rauchte. Er schuf und förderte einfach den Wunsch, dem Weg zu folgen, dem er folgte. In seiner Gegenwart wurden Sie inspiriert und glücklich, und gleichzeitig wollten Sie sich derselben Richtung zuwenden.

Auch hatte er sein Leben vollständig auf die Praxis des Weges eingestellt und seine ganze Energie und seine Erfahrung darauf verwendet anderen zu helfen ihn zu verwirklichen. Sensei hielt sich selbst durchaus nicht für einen großen Meister, ließ sich aber durch Zazen erhellen. Er harmonisierte sein Leben mit dieser Zazen-Unterweisung und unterschied sich nicht von gewöhnlichen Leuten, denn er nahm die Leerheit jeglicher Unterscheidung wahr. Jenseits seines Egos lebte er seine wahre Einheit mit den anderen und mit der Natur. Er lebte wirklich hier und jetzt.

Was ist Ihrer Meinung nach Weisheit?

Weisheit ist unendlich und unbegrenzt, jenseits von Kriterien. Es ist wichtig, nicht an einem Begriff von Weisheit zu kleben, denn er wird rasch zur Illusion. Zweifel und Angst führen Menschen dazu Kriterien zu suchen. Man wiederholt oft, dass »der Verrückte derjenige ist, der sich für einen Weisen hält, und der Weise derjenige, der seine Verrücktheit kennt«. Weisheit ist, sich selbst zu verstehen und zu sehen, dass wir dieses »Selbst« nicht in eine begrenzte Kenntnis einschließen dürfen.

Wenn die erlebte Erfahrung des Meisters der Widerschein innerer Vollkommenheit ist, wie kann dieser manchmal scheinbar schlechte Seiten haben?

Der Meister hat auch sein Karma und folglich das, was man Fehler nennt. Aber er ist nicht abhängig davon. Vielmehr benutzt er sie, um anderen zu helfen. Seine Leidenschaften werden auf diese Art zur Quelle des Erwachens für ihn und für die anderen. Das wahre Zen besteht nicht darin den Leidenschaften ein Ende zu machen, sondern sie umzuwandeln und die entstandene Energie für die Praxis des Weges zu gebrauchen. Wenn zum Beispiel Meister Deshimaru uns zum Umtrunk einlud, ermöglichte er uns die Barriere zwischen Meister und Schüler zu beseitigen und Masken und Vorurteile fallen zu lassen. Er brachte uns dazu, dass wir aufhörten uns zu ernst zu nehmen. Sensei lehrte uns ständig die guten und die schlechten Aspekte in uns zu harmonisieren, ohne an dem einen oder anderen zu haften.

Meister Deshimaru war eine lebendes Beispiel dieser Harmonisierung. Er vereinigte in sich alle Aspekte: die des Menschen mit seinen Gefühlen und seinen Leidenschaften und auch die von Buddha, der die Leerheit erkennt und sich von ihr löst. Er repräsentierte nicht das Ideal von Heiligkeit, in der Gefühle und Leidenschaften abgetrennt waren, sondern er hatte sie alle erlebt, erkannt und integriert. Er ermöglichte uns, in uns selbst beide Gesichter zu sehen, das des Dämons und das Buddhas. Er war ein Meister, denn er hatte keine Angst diese beiden Aspekte in sich zuzugeben und zu akzeptieren. So ermöglichte er auch uns diese zu erkennen und in uns zu akzeptieren. Er kalligraphierte oft auf die Kyōsaku die Zeichen »*makumozō*« (Macht euch keine Illusionen über euch selbst). Meister Deshimaru war im Stande über seine eigenen Illusionen zu lachen und unterwies *mushotoku* (Nicht-Ziel, Nicht-Anhaften). Im Alltag war er der Spiegel, in dem wir beobachten konnten, wie wir ständig versuchten uns einer Sache zu bemächtigen und daran zu haften. Er besaß die Fähigkeit, bei dem anderen die trügerischen Seiten des Egos zu entlarven, denn er hatte selbst diesen Prozess durchlaufen. Oft stellt man sich einen Weisen oder einen Heiligen vor, der kein Karma und keine Fehler mehr hat. Aber der Zen-Meister ist derjenige, der sie integriert und über sie hinausgeht, ohne sie verwerfen zu müssen. Wenn man einem zu reinen, zu idealen Meister folgt, bildet der Wunsch sein Ebenbild zu werden ein Hindernis, eine Ursache dafür, dass man sich selbst missversteht. Man wird seine negativen Seiten verwerfen oder verstecken wollen und versuchen sich in einem vorteilhaften Aspekt zu zeigen. Daher erhält derjenige, der wie der Kaiser Wu aus Liang zahlreiche im Sinn des Buddhismus gute Taten begeht, von Bodhidharma die Antwort: »Kein Verdienst.« Es gibt niemals etwas Verdienstvolles. Wenn ich Sensei gegenüber dachte Recht zu haben oder wenn ich dachte etwas Wesentliches verstanden zu haben, dann destabilisierte er mich. Er erlaubte mir nie selbstzufrieden zu sein. Meister Dōgen sagte: »Der wahre Meister, unabhängig von seinem Alter, seinem Geschlecht und seinem Ursprung muss jenseits von allem sein; er muss der Mensch des Satori sein, ein absoluter Mensch, wahr und aufrichtig, von keinem Karma regiert: weder von seinen Gedanken noch von denen der anderen.« Diese Beschreibung entspricht dem, was wir bei Sensei empfanden, bei dem sich die Verwirklichung vor allem durch ein nicht-egoistisches Leben ausdrückte, das der Aufgabe gewidmet war, anderen zu helfen den Weg zu verwirklichen.

Was unterscheidet einen Weisen von einem Heiligen? Kann man bei einem Weisen von Heiligkeit sprechen und umgekehrt? Ist die Weisheit eine Zwischenstufe zur Heiligkeit?

In der buddhistischen Tradition wird derjenige als Heiliger anerkannt, der dem Weg des Theravāda (Kleines Fahrzeug) gefolgt ist und sich von seinen Leidenschaften getrennt hat. Der Meister, der Weise des Mahāyāna (Großes Fahrzeug) ist derjenige, der seine Leidenschaften erkannt hat, ihnen aber nicht folgt, da er sie integriert hat und über sie hinausgegangen ist. Er ist fähig sie umzuwandeln, sie zu benutzen und frei mit ihnen zu spielen. Die innere Freiheit, die der Weise des Großen Fahrzeugs verwirklicht hat, stammt aus der fortgesetzten Wahrnehmung seiner Anhaftungen, seiner Leidenschaften und ihrer Leerheit. Man muss keine Askese üben, um die Leidenschaften zu eliminieren. Der Weise besitzt Intuition und Verständnis. Er ist weniger auf Disziplin bezogen. Der Weg des Weisen des Kleinen Fahrzeugs ist dualistischer. Er kultiviert Reinheit und verwirft das Unreine. Die höchste Weisheit beruht darauf zu sehen, dass es letztlich weder Reinheit noch Unreinheit gibt, dass alle Dualitäten Täuschungen sind.

Wenn man allein praktizieren möchte, ist es viel einfacher dem Weg des Kleinen Fahrzeugs zu folgen. Auf dem Weg des Großen Fahrzeugs kann man intellektuell verstehen, dass alles Leerheit ist, dass es kein Ego gibt, dass alles Illusion ist. Man kann sogar denken, alles sei erlaubt. Aber dieses Verstehen löst nichts auf. Beim kleinsten Konflikt oder beim kleinsten Widerspruch erscheint das Leiden aufs Neue. Die Leerheit wahrhaft leben bedeutet, sie täglich durch die Zazen-Praxis zu erleben. Dies erfordert große Aufmerksamkeit, große Achtsamkeit im Alltag. Die Leerheit des Egos muss man selbst erleben und verinnerlichen. Wahrhaft gelebte Leerheit zeigt sich in unserer Beziehung zu den Phänomenen in einer Art Loslassen. Wenn man allein ohne Meister praktiziert, ist man versucht dogmatisch zu werden und den Begriff der Leerheit zu intellektualisieren. Meister Deshimaru trieb uns solche Tendenzen ständig aus. Der Blick, mit dem er sich und uns betrachtete, war uns am nützlichsten. Wenn Leute mir sagen, sie hätten keine Illusionen mehr, keine Empfindungen, ist mir das suspekt. Sie erschaffen eine zusätzliche Illusion, die das Anhalten der Entwicklung provozieren kann. Für mich gehen Satori und Illusion zusammen. Ich glaube, dass man nie vollständig losgelöst ist. Die Fähigkeit sich etwas vorzumachen hört nie auf. Unser Karma kann nicht für immer abgeschnitten werden! Meisterschaft besteht darin zu sehen und darüber lachen zu können, was wir sehen, es zu akzeptieren, zu integrieren und nicht davon besessen zu sein. Nur dann kann man den Weg fortsetzen. Der wirkliche Meister ist der, der sich nicht als Meister sieht, sondern sich immer dessen bewusst ist, dass er nicht alles versteht. Man kann nicht sagen: »Jetzt bin ich ein wahrer Meister; ich habe das Satori.« Es ist wichtig bescheiden zu bleiben. Wir müssen sehen, dass wir uns auf halbem Weg befinden, wie Meister Dōgen sagte. Zu diesem Thema schrieb Meister Ryōkan dieses Gedicht:

»Letztes Jahr – ein närrischer Mönch.
Dieses Jahr – keine Änderung.«[5]

Die Tradition des Sōtō-Zen-Buddhismus ist in Europa heutzutage gut verwurzelt, und die Lehre Meister Deshimarus entwickelt sich in Argentinien ebenso wie in Kanada. Kürzlich haben Dōjō in Irland und sogar in Rumänien Fuß gefasst. Aber lassen Sie uns doch einmal auf die ursprünglichen Richtungen dieser Tradition des Zen-Buddhismus zu sprechen kommen.

Meister Dōgen, der 1227 das Sōtō-Zen in Japan einführte, sagte, dass diejenigen, die es als Sekte bezeichneten, Dämonen seien. Für ihn liegt die Essenz des Zen in der Praxis der sitzenden Meditation, Zazen, das heißt in der völligen Einheit von Körper und Geist mit der Realität, wie sie sich hier und jetzt manifestiert. Das Durchdringen dieser für alle Wesen gemeinsamen Wirklichkeit war die Essenz der Erweckung Buddhas, fünf Jahrhunderte vor Christus. Diese Erfahrung wurde in Indien 28 Generationen lang von Meister zu Schüler weitergegeben, danach in China durch die der Sōtō- und Rinzai-Tradition folgenden Patriarchen. Diese Schulen

5 *Eine Schale, ein Gewand.* Zen-Gedichte von Ryōkan. Heidelberg-Leimen (Kristkeitz) 1999, S. 35.

kamen Anfang des dreizehnten Jahrhunderts nach Japan, dann 1967 mit Meister Deshimaru nach Europa.

Man spricht sehr oft über Buddha, aber was weiß man jenseits der Legende über die Übermittlung der Essenz seiner Unterweisung?

Buddha gab die Essenz seiner Lehre an Mahākāśyapa weiter, während seiner schweigenden Predigt am Geierberg. Vor zahlreich versammelten Schülern nahm er eine Blume zwischen seine Fingern und drehte sie schweigend. Wie ich bereits erzählt habe, verstand einzig Mahākāśyapa in einer vollkommenen Vereinigung »von meinem Herzen zu deinem Herzen« mit seinem Meister. Buddha erklärte: »Ich besitze das Auge des Schatzes des wahren Gesetzes, den ruhigen Geist des Nirvāna, und jetzt gebe ich es an Mahākāśyapa weiter.« Diese Übermittlung von Herz zu Herz, *i shin den shin*, kann sich in der Zazen-Praxis verwirklichen: gemeinsam schweigend im Dōjō sitzen, wenn man jegliche Anhaftung an Körper und Geist aufgibt, völlig aufmerksam auf das, was hier und jetzt ist. Diese Übermittlung wird durch das Shihō bestätigt, jenseits all unserer mentalen Kategorien. Es ist eine Bestätigung der Verwirklichung des Schülers durch seinen Meister, die bis zum heutigen Tag ohne Entstellung die Reinheit der Übermittlung der Erweckung Buddhas garantiert.

Danach gab Mahākāśyapa das Shihō an Ānanda weiter, der Buddhas Sekretär war, aber dessen Übermaß an Gelehrsamkeit sein vollständiges Erwachen verzögert hatte. Er hatte in der Tat immer einen Zweifel bewahrt, wie es oft der Fall ist bei Intellektuellen, deren logische Intelligenz die Intuition, die unmittelbare Sicht der Realität so wie sie ist, verdunkelt. An dem Tag, an dem Mahākāśyapa spürte, dass Ānanda bereit war, fand folgender Dialog statt:

Ānanda: »Meister, was hat Euch der Buddha zusätzlich zu seinem mit Gold besticktem Kesa weitergegeben?«

Mahākāśyapa rief mit lauter Stimme:

»Ānanda!«

»Ja, Meister.«

»Fälle den Mast.«

Während der Treffen, bei denen sich Mönche und Nonnen mit Fragen der Übermittlung auseinandersetzten, stellte man einen Mast mit einer Fahne auf.

Bei dem Ruf Mahākāśyapas verwirklichte Ānanda das Erwachen. Ein einziges Wort von Mahākāśyapa ließ Ānanda all seine

Kenntnisse und all seine Zweifel vergessen. Jedes Gespräch war überflüssig geworden. Die Essenz der Wahrheit wurde verwirklicht und weitergegeben; es gab keinen Unterschied mehr zwischen Meister und Schüler. Ein Jahrtausend lang setzte sich diese Übermittlung in Indien fort, unter anderem über Nāgārjuna, einen der berühmtesten Patriarchen, auf den sich mehrere Schulen des Mahāyāna berufen.

Wie konnte der Buddhismus von Indien aus Japan erreichen?

Bevor man vom Erscheinen des Buddhismus in Japan spricht, muss man zum 6. Jahrhundert nach Christus zurückkehren. Zu dieser Zeit übermittelte Bodhidharma die Essenz der Erweckung Buddhas von Indien nach China. »Warum kam Bodhidharma vom Westen?« Diese Frage ist zum Kern mehrerer Dialoge geworden, in denen der Meister das Verständnis seines Schülers bezüglich der Essenz des Zen testete. Bodhidharma selbst hatte geantwortet: »Ich bin nach China gekommen, um die Essenz des Buddha-Dharmas weiterzugeben und um allen Wesen zu helfen, die in ihren Illusionen leiden.« Er drückte diese Wahrheit auch in einem Gedicht aus: »Die Blume öffnet sich mit fünf Blütenblättern; dieses Aufblühen ist ein natürliches Geschehen.«

Die Übermittlung des Buddhismus nach China geschah zu Beginn der christlichen Ära zunächst durch die Übersetzung der in Sanskrit geschriebenen Sūtren. Anfangs war es eine theoretische und intellektuelle Annäherung, wie übrigens auch in Europa vor Meister Deshimarus Ankunft 1967. Die Chinesen stritten über theoretische Punkte wie zum Beispiel über die Frage, ob das Erwachen ursprünglich ist oder erst durch das Studium der Praxis erlangt wird. Aber die Essenz der Wahrheit, die Buddha verwirklicht hatte, entging ihnen völlig, denn sie praktizierten nicht das authentische Zazen. Bodhidharma übermittelte die rechte Praxis, welche die Verwirklichung beinhaltet, jenseits jeglicher Trennung zwischen Praxis und Satori. Es ist die reine Praxis, ohne Beschmutzung, ohne Ziel, *mushotoku*, die die Macht hat die Menschen von den Illusionen zu heilen, die aus ihrem dualistischen Ego hervorgehen. Wie eine aufblühende Blume, ohne Nachahmung, ohne Vorbedacht. In diesem unbewussten und natürlichen Aufblühen verwirklicht und äußert sie ganz und gar ihr Wesen als Blume. Auf den Menschen übertragen entspricht dieses Bild dem Sitzen in Zazen, in Einheit mit der Haltung, der Atmung, dem Geist, befreit von jedem Ziel und jedem Hindernis. Er lässt die Erscheinungen, die in seinem Bewusstsein auftauchen, vorbeiziehen, ohne an ihnen zu haften, und verwirklicht seine reine und freie Natur in Harmonie mit dem ganzen Universum, ohne die Wahrheit zu suchen und ohne die Täuschungen zu verwerfen.

Bei seiner Ankunft im Süden Chinas traf Bodhidharma den Kaiser Wu aus Liang, einen Förderer des Buddhismus, der ihn fragte:

»Ich habe zahlreiche Klöster errichtet und vielen Mönchen geholfen. Welches Verdienst habe ich erlangt?«

»Kein Verdienst!«

»Was ist die heilige Wahrheit des Buddhismus?«

»Unendliche Leere – nichts Heiliges.«

»Wer seid Ihr, dass Ihr so sprecht?«

»Ich weiß es nicht.«

Dieser Dialog drückt die Essenz von Bodhidharmas Unterweisung aus. »Kein Verdienst« bedeutet: wenn wir den Weg praktizieren, um als Belohnung das Erwachen zu erlangen, wird diese gewinnsüchtige, einem Ziel zugewandte Praxis Knechtschaft und ist wahrer Freiheit entgegengesetzt. Ohne Ziel und ohne Gewinndenken das vollständige Aufgeben seiner selbst zu praktizieren ermöglicht zu entdecken, dass Zazen selbst das Erwachen ist, das Satori, die authentische Befreiung.

Bodhidharma sagte weiter: »Unendliche Leere.« Das bedeutet, dass unser Geist beim Zazen leer ist, dem weiten Himmel ähnlich, der den gesamten Kosmos umfasst und der von den weißen Wolken (den Wünschen, Gefühlen usw. …) nicht gestört wird. Denn er ist jenseits jedes Begriffs und jedes Gegensatzes, ohne Beschmutzung und in Einheit mit dem Universum. »Nichts Heiliges« bedeutet, dass Profanes und Heiliges nicht mehr getrennt sind. Es ist die Rückkehr zur Quelle des religiösen Geistes vor dem Erscheinen der Religionen, bevor die Offenbarung sich zum Dogma wandelt, zu Fragen von Macht und Herrschaft und zum Anlass von Gegensätzen zwischen den Menschen. Aber dies bedeutet auch, dass alles heilig ist, alles drückt Buddhas Wesen aus. »Ich weiß es nicht« bedeutet letztlich, dass wir ohne persönliches Bewusstsein, ohne Wissen und ohne Dualität sind. Es ist die Verwirklichung der unendlichen, unbegrenzten Dimension unserer Existenz in Einheit mit allem, was existiert. Aus dieser Verwirklichung entsteht der authentische Geist des Mitgefühls, der keine Trennung zwischen sich und den anderen schafft.

Zen hat sich wie die Philosophie seit Sokrates bemüht ein tiefes Verständnis seiner selbst als Quelle aller Weisheit zu verwirklichen. Aber während der Philosoph sich bemüht das Wesen zu erfassen, indem er es in Begriffe zwängt, zeigt uns die Erfahrung des Zazen, dass die Essenz unserer Existenz darin besteht, weder Essenz noch Substanz zu haben. Das Ego studieren heißt, es als begrenzte und begrenzende Konzeption, die nicht mit der Wirklichkeit unseres Seins in dieser Welt übereinstimmt, aufzugeben. Sich selbst zu studieren führt dazu, dass man sich selbst vergisst. »Ich weiß es nicht« ist das Bekenntnis unserer Unwissenheit: Letztlich wissen wir nicht, wer wir sind. Es ist der wahrste Ausdruck der unendlichen Dimension unseres Lebens.

Der Kaiser konnte der Unterweisung Bodhidharmas nicht folgen. Also verließ Bodhidharma die Hauptstadt, um sich in den Shōrin-Tempel in den Bergen Nordchinas zurückzuziehen, wo er in einer Grotte neun Jahre lang vor einer Wand nichts als Zazen praktizierte. Schließlich begegnete Bodhidharma seinem Schüler Eka, dem er die Essenz des Zen weitergeben konnte. Diese Begegnung ist berühmt geworden. Eines Nachts – es schneite – hielt sich Eka vor der Grotte auf, in der Bodhidharma Zazen praktizierte. Dieser schenkte ihm keine Aufmerksamkeit. Um ihm seine Entschlossenheit zu zeigen dem Weg zu folgen, schnitt sich Eka mit einem Säbel den linken Arm ab. Als Bodhidharma die Entschlossenheit seines Besuchers sah, akzeptierte er ihn als Schüler und fragte:

»Warum bist du zu mir gekommen?«

»Meister, mein Geist ist nicht friedlich, bitte befriedet ihn für mich.«

»Zeige mir deinen Geist.«

»Mein Geist ist nicht fassbar; ich kann ihn Euch nicht zeigen.«

»Na, dann habe ich ihn ja schon befriedet.«

Wenn wir verstehen, dass die Essenz unseres Geistes nicht fassbar ist, brauchen wir uns nicht mehr zu quälen. Wir können dann die wahre Leerheit verwirklichen und mit friedlichem Geist in Harmonie mit der höchsten Realität leben. Unsere Existenz ohne Substanz ist in diesem Zustand von nichts getrennt. Nichts fehlt, nichts ist zu viel. Wir brauchen nicht mehr blind hinter all unseren Wunschobjekten herzulaufen. Unser Geist ist befriedet! Es ist der Geist, der sich in Zazen verwirklicht und den man Hishiryō nennt.

Der Geist wurde übermittelt durch die großen chinesischen Meister Sōsan (Seng-ts'an), Dōshin (Tao-hsin) und Kōnin (Hungjen) bis zu Enō (Hui-neng)[6], dem sechsten Patriarchen. Seit Dōshin wurde begonnen Zen in großen Klöstern zu praktizieren. Arbeit fand dort ihren Platz, sie wurde als Anwendung des Weges im Alltag betrachtet. Sie ersetzte das Betteln, welches von der chinesischen Mentalität kaum akzeptiert wurde.

Kōnins Nachfolge wurde durch eine erste Zweiteilung geprägt; sie setzte dem Zen des Nordens das Zen des Südens entgegen. Das Zen des Nordens, das durch Meister Jinshū (Shen-hsiu) vertreten wurde, hob die stufenweise Erweckung mittels der Meditationspraxis und der Befolgung der Gelöbnisse zur Reinigung hervor. Das Zen des Südens, welches von Meister Enō vertreten wurde, bevorzugt das unmittelbare Erwachen durch die Intuition unseres wahren Wesens, das Leerheit ist, Abwesenheit von fester Substanz.

Um seinen Nachfolger auszuwählen, bat Kōnin seine Schüler ein Gedicht zu schreiben, das ihr Verständnis seiner Unterweisung ausdrücken sollte. Jinshū, der intelligenteste seiner Schüler, schrieb:

»Der Körper ist der Baum der Erweckung.
Der Geist ist ein runder Spiegel.
Wir müssen ihn unaufhörlich reinigen,
damit sich kein Staub auf ihm niederlässt.«

Enō, ein Analphabet, der in der Küche arbeitete, ließ sich das Gedicht vorlesen und sagte: »Das ist nicht die Essenz der Unterweisung unseres Meisters« und verfasste folgendes Gedicht:

»Der Körper ist kein Baum.
Der Spiegel glänzt nirgends.
Da von Anfang an nichts da ist,
worauf könnte sich Staub niederlassen?«

Auf Grund dieses Gedichts wurde Enō der Nachfolger Kōnins und der sechste Zen-Patriarch in China. Bei ihm gab es keine Trennung zwischen Praxis und Verwirklichung. Seine Zazen-Praxis war keine Technik um sich zu reinigen und spirituell perfekter zu werden, mit der Aussicht das Erwachen zu verwirklichen. Vom ersten Augenblick an ist Zazen die Verwirklichung des höchsten Erwachens, wenn es mit der rechten Haltung und einer korrekten Atmung praktiziert wird und mit einer Geisteshaltung, die losgelöst ist von Illusion und Satori, ohne Gegenstand und ohne das Ziel

6 Der erste Name ist die japanische Übertragung des in Klammern aufgeführten chinesischen Namens.

irgendetwas ergreifen oder ablehnen zu wollen. Mushotoku ist die reine Essenz des Erwachens Buddhas.

Nach Enō teilte sich die Schule des Südens in zwei Grundlinien: Die von Seigen Gyōshi (Ching-yüan Hsing-ssu) wurde zur Sōtō-Schule und die von Nangaku Ejō (Nan-yüeh Huai-jang) wurde im neunten Jahrhundert zur Rinzai-Schule.

Die Rinzai-Schule förderte das Studium der Kōan, der Aussagen alter Meister, als Mittel, um zur Erleuchtung zu gelangen; Zazen war nur noch ein Hilfsmittel, um sich auf die Kōan zu konzentrieren. Die Meister der Sōtō-Schule, so wie Tendō Nyojō (T'ien-t'ung Ju-ching), der zwischen 1223 und 1227 der Meister von Dōgen war, lehrten die Praxis von *shikantaza*: sich einzig auf die sitzende Haltung zu konzentrieren, sich selbst zu beobachten, sich selbst zu vergessen und sich so auf unbewusste und natürliche Weise mit der grundlegenden kosmischen Wahrheit zu harmonisieren. Seine Gegner nannten sie »Schule des schweigenden Erwachens«, was Meister Wanshi Shōgaku (Hung-chih Cheng-chüeh) positiv aufgriff. In der Stille des Zazen brauchen wir nichts; das Licht unserer Konzentration beim Zazen strahlt über jeglichen Gegensatz zwischen einem selbst und dem Objekt hinaus.

In Japan wurde die Rinzai-Tradition durch Meister Eisai, Dōgens erstem Meister, weitergegeben. Unzufrieden mit dieser Unterweisung reiste Dōgen nach China, wo er 1223 schließlich Meister Nyojō begegnete, den er sofort als seinen wahren Meister ansah. Er verkörperte in seinen Augen die Nachfolge Buddhas und der Patriarchen.

Seit seiner Begegnung mit der buddhistischen Tendai-Schule stellte sich Dōgen folgende Frage: »Wenn alle Existenzen die Buddha-Natur haben, warum ist es dann nötig zu praktizieren, um sie zu verwirklichen?« Indem er mit Meister Nyojō Shikantaza-Zazen praktizierte, verstand Dōgen, dass die Buddha-Natur von ihrer Verwirklichung in der Praxis nicht zu trennen ist. Zazen war folglich kein Mittel um das Erwachen zu erlangen, sondern Verwirklichung und Ausdruck des ursprünglichen Erwachens aller Wesen.

Können Sie uns den Unterschied zwischen der Sōtō- und der Rinzai-Tradition näher erklären?

Das Herz der Erfahrung des Sōtō-Zen ist Zazen, durch das wir jede Anhaftung an Körper und Geist aufgeben können. Zazen ist eine Erfahrung, in der wir ständig über jeden Gedanken und jede Emotion hinausgehen. Der Geist ist ohne Gegenstand. Es handelt sich einfach um *shikantaza*, das heißt, sich hinsetzen in Konzentration-Beobachtung und in Einheit mit dem gesamten Universum. Die wirkliche Entwicklung des Sōtō-Zen fand in China mit Meister Tōzan Ryōkai (Tung-shan Liang-chieh) (807-869) statt, dem elften Patriarchen nach Bodhidharma. Er drückt sein Erwachen in diesem Gedicht aus, das er später in seinem *Hōkyō Zanmai* erläuterte, dem Gedicht über das *Samādhi des Schatzspiegels*:

»Sucht den Weg nicht bei den anderen
An einem entfernten Ort –
Der Weg ist unter unseren Füßen.
Jetzt gehe ich allein ...
Aber ich kann ihm überall begegnen.
Sicherlich ist er jetzt ich,
Doch jetzt bin ich nicht er.
Was mir daher auch begegnen mag,
Ich kann die wahre Freiheit erlangen.«[7]

Wenn man mit Mönchen spricht, die der Rinzai- oder der Sōtō-Tradition nahe stehen, hat man manchmal den Eindruck einer gewissen Herablassung der anderen Tradition gegenüber.

Beide Wege spiegeln die Essenz von Buddhas Erweckung, die Gangart ist in beiden Fällen die gleiche. Der grundlegende Unterschied liegt in der Pädagogik, die wir in wenigen Worten zusammenfassen können: Im Sōtō-Zen ist Zazen keine Meditationstechnik mit der Aussicht das Erwachen zu erlangen. Es gibt keine Dualität zwischen der Praxis hier und jetzt und einer in Zukunft zu erlangenden Erleuchtung. Diese Nicht-Zweiheit zwischen Verwirklichung und Praxis bildet den wesentlichen Punkt von Buddhas Erwachen, denn schuld an dem Fehlschlag seiner früheren Askese war die Suche nach einem zukünftigen Erwachen. Erst als Buddha diese Anspannung aufgab und sich einfach ohne Ziel hinsetzte, erwachte er. Die wirkliche spirituelle Revolution vollzieht sich, indem man immer wieder aufhört auf Resultate zu schauen.

Die Rinzai-Meister führten eine künstliche Anspannung ein, indem sie ihre Schüler aufforderten ein Kōan mittels der Zazen-Praxis zu lösen. So wird die Praxis auf eine untergeordnete Rolle reduziert. Sie wird zum einfachen Mittel, um ein Kōan zu lösen,

7 *Hōkyō Zanmai: Das Samādhi des Schatzspiegels.* Kommentiert von Taisen Deshimaru-Rōshi. Heidelberg/Leimen (Kristkeitz), S. 10.

das an sich nicht mehr die Verwirklichung des Erwachens ist, sondern eine Technik, um Satori zu erhalten.

Diese Pädagogik kann zweifellos gewisse Vorzüge bieten, wenn sie mit Weisheit und Geschick von einem wahren Meister in der Umgebung eines Klosters angewandt wird. Aber sie ist gefährlich für westliche Menschen. Leider gibt es keine großen japanischen Rinzai-Meister, die sich in Europa niedergelassen haben. Die Menschen des Westens können ihnen nur gelegentlich begegnen. Ich finde die Rinzai-Methode – wie die tibetische Methode – interessant, aber beide beinhalten manchmal für Europäer lange Umwege. Das Kōan stellt ein Objekt dar, das zu begreifen und zu verstehen ist, eine Belohnung. Man besteht eine Prüfung, dann eine zweite. Man sagt sich: »Na bitte, ich habe geschafft Kōan Nr. 1 zu lösen, also werde ich auch Kōan Nr. 2 lösen können.« Ich übertreibe etwas. Es existieren mehr als 1800 Kōan. So kann man Jahre damit verbringen von einem Kōan zum anderen zu gehen. Welch ein Umweg! Der Zustand beim Zazen ist die letztliche Verwirklichung, die von allen buddhistischen Schulen anerkannt wird, aber gewisse Schulen ziehen die Möglichkeit sie direkt anzugehen in Zweifel und denken, sie müssten vorhergehende Etappen mit körperlicher und mentaler Vorbereitung einführen. Das kann völlig legitim und logisch sein, weil es für einen westlichen Menschen mit sehr aufgeregtem Geist nicht einfach ist, sofort den schroffen Weg ohne Ziel zu praktizieren. Leider sehen wir aber, dass manche Praktizierende sich in den Wegen der Annäherung verlieren und am Ende nicht mehr das Wesentliche erkennen. Das Wesentliche wird als so unerreichbar und weit entfernt angesehen, dass es zum Trugbild wird und ein Hindernis in der Praxis darstellt. Wie Meister Deshimaru glaube ich, dass man besser direkt zum Wesentlichen kommen sollte, schon allein deshalb, weil wir morgen sterben können. Manche buddhistischen Schulen, die sich auf Mahāyāna oder Tantra beziehen, die ja vorrangig nicht-dualistische Wege sind, werden in ihrer Pädagogik wieder dualistisch. Was die große Stärke des Sōtō-Zen ausmacht, ist das vollkommene Vertrauen in Zazen.

Zu den Kōan sagte Gérard Blitz einmal: »Das Kōan ist eine Frage, bei der die Antwort eher vom Körper geliefert wird als vom Denken.«

Richtig! Und ich bestreite ja nicht die Wichtigkeit der Kōan. So räume ich zum Beispiel der Antwort äußerste Wichtigkeit ein, die Sensei auf meine erste Frage: »Warum existiert etwas eher, als dass nichts existiert?« gegeben hat. Er hatte geantwortet: »Du darfst nicht nur die Zweige und die Blätter sehen, sieh auch die Wurzeln.« Ich habe oft über diese Antwort nachgedacht, und ich sah sie jedes Mal in einem anderen Licht. Die Frage ist ewig, und die Antwort hat einen unendlichen Wert. Das Kōan muss auf lebendige Art die ewige Wahrheit aktualisieren.

Man sagt, dass Buddha, mit allen erhaltenen Unterweisungen unzufrieden, einen Weg entwickelte, den er den Weg der Mitte nannte: das Zen, und er schuf eine neue Methode der Meditation: das Zazen. Warum diese Bezeichnung? Wie ist es mit den anderen traditionellen Praktiken verbunden und wie haben diese als Grundlage dienen können?

Buddha versuchte das Problem des Leidens zu lösen, das mit der Unbeständigkeit des Lebens verbunden ist. Wir leiden, wenn wir das was wir lieben nicht ewig halten können, und wenn wir das was wir verabscheuen nicht vermeiden können. Er suchte einen Zustand des Friedens und der Freiheit: das Nirvāna, in dem das an Krankheit, Alter und Tod gebundene Leiden überwunden ist. Er fand einen ersten Meister, Alara Kalama, dessen Dharma ihn zum Bereich der Nicht-Existenz führte. Shākyamuni meisterte diesen Dharma und begriff, dass es nicht zum Ausbleiben von Illusionen, zur Abschaffung der Transmigration, zur Ruhe, zum Nirvāna führte, sondern einzig zum Nichts. Er war nicht zufrieden damit und ging fort.

Dann hatte er einen zweiten Meister, Uddaka, Schüler von Rama. Sein Dharma führte in einen Bereich, in dem weder Gedanken noch Abwesenheit von Gedanken existierten. Shākyamuni praktizierte diesen Dharma und fand es ebenfalls unbefriedigend, denn es brachte ihn der wahren Befreiung nicht näher. Er beschloss also sich einer sehr strengen Askese hinzugeben, die ihn an den Rand des Todes brachte. Er hatte die Hoffnung, dass, wenn er seinen Körper durch strenges Fasten kasteite und die Bewegungen seines Geistes mit Hilfe seiner Willenskraft kontrollierte, er es erreichen könnte seine Begierden abzuschaffen und die Freiheit, nach der er sich sehnte, zu verwirklichen. Tatsächlich vergrößerte er nur sein Leiden und stellte fest: »Nicht durch diese schreckliche Askese werde ich das menschliche Gesetz überwinden und es schaffen die wahre Weisheit klar zu erkennen.« Am Ende beschloss er sich in Zazen hinzusetzen und sich nicht mehr zu bewegen. So verwirklichte er das Erwachen und wurde Buddha.

Was ist dem Zazen eigentümlich? Es ist zuerst die Einheit von Körper und Geist. Es ist in der Tat unmöglich den Geist zu befreien, wenn man sich den natürlichen Bedürfnissen des Körpers widersetzt, indem man ihn kasteit. Ein Gleichgewicht, ein Weg der Mitte ist notwendig. Es geht nicht darum, den Begierden zu folgen, aber auch nicht darum, sie zu verwerfen. Das heißt, weder an Kasteiungen noch am Vergnügen hängen. Zazen ist ein ausgeglichener Weg, der eine Rückkehr zum Normalzustand von Körper und Geist ermöglicht. Im übrigen kann auch das Anhaften an das Nicht-Denken, an die Leerheit, nicht zur wahren Weisheit führen. Im Zazen denken wir aus der Tiefe des Nicht-Denkens heraus, wobei wir die auftauchenden Gedanken beobachten, ohne ihnen zu folgen und ohne sie verhindern zu wollen. Es geht einfach darum, zu sehen was ist, ohne auf etwas zu verweilen, mit einem Geist frei von jeder Absicht.

Wahre Weisheit liegt in der Beobachtung und in der Erkenntnis seiner selbst. Die Konzentration ohne Gedanken ist nicht ausreichend, um diese Weisheit zu verwirklichen. Die Suche nach Nirvāna oder Satori erschafft eine Spannung, eine Dualität im Geist. Satori kann sich nur unbewusst und natürlich verwirklichen, wenn wir es vergessen, so wie Shākyamuni, der erwachte, als er den Morgenstern sah. Letztendlich sagen wir: Es gibt kein Fortschreiten, sondern nur Unmittelbarkeit. Zazen ist kein Weg, der sich Stufe für Stufe verwirklicht, von einem teuflischen Zustand zum Buddha-Zustand, wie man es bei anderen Wegen sehen kann. Es gibt keine Abstufungen zwischen der Anfangshaltung und dem zu erreichenden Satori, denn Zazen selbst ist Satori. Jedes Zazen muss vollständig sein, hier und jetzt.

Der tibetische Buddhismus ist in Europa weit verbreitet. Wie kommt es, dass beide Wege so viele formelle Unterschiede aufweisen, obwohl doch auch dieser Weg aus dem Buddhismus hervorgegangen ist?

Wie der tibetische Buddhismus erkennt und integriert Zen alle Unterweisungen Buddhas, die sich in Hīnayāna-, Mahāyāna- und Tantrayāna-Buddhismus geteilt haben. Der tantrische Aspekt im Zen kommt von der Eingliederung einiger Praktiken der japanischen Form des tantrischen Buddhismus, dem Shingon. Im 14. Jahrhundert wurden zahlreiche Shingon-Tempel von Zen-Mönchen bewohnt. Vor allem wandelt die Zazen-Praxis die Energie der menschlichen Begierden um, ohne dass diese Begierden mit bewusster, willentlicher Anstrengung abgelehnt werden. Diese Umwandlung schließt sich einem wichtigen Aspekt des Tantrismus an, aber im Unterschied zum tibetischen Buddhismus ist Zen auf eine einfache Praxis zentriert und ohne lokalen kulturellen Zusatz. Es ist weder eine spirituelle Technik noch ein Mittel, um die Erweckung zu verwirklichen.

Sobald wir es auf richtige Art und Weise praktizieren, ist Zazen Erwachen. Wahre Freiheit jenseits aller Dualität. Aus pädagogischen Gründen und in dem anerkennenswerten Wunsch den verschiedensten Schülern zu helfen, hat der tibetische Buddhismus stark variierende Techniken entwickelt. Aber das Ziel all dieser Mittel ist es, den Zustand des Zazen-Geistes als höchste Erweckung zu verwirklichen.

Können Sie etwas detaillierter auf die grundlegenden Begriffe der buddhistischen Sōtō-Zen-Tradition zurückkommen, auf Dharma und Sangha?

Dharma ist die Wahrheit, zu der Buddha durch die Praxis der sitzenden Meditation, durch Zazen, erwacht ist. Diese Wahrheit ist kein erlerntes Wissen, sondern die Erfahrung der höchsten Wirklichkeit dieses Universums. Dharma bedeutet folglich Realität, aber auch die Sichtweise dieser Realität und die Übermittlung dieses Verständnisses der Realität. Dieses Wort bezeichnet auch die Dinge so wie sie sind, die Phänomene, von denen Buddha lehrte, dass sie ohne Substanz sind, denn sie existieren nur in wechselseitiger Abhängigkeit. Sie sind unbeständig, weil sie aus Ursachen geschaffen und deshalb Ursache von Leiden sind. Buddhas Dharma, seine Unterweisung, beruhte darauf das Leiden und seine Ursachen zu sehen und den Weg zu verwirklichen, der den Menschen zum normalen Zustand von Körper und Geist, befreit vom Leiden, zurückzukehren lässt.

Die Sangha ist die Gemeinschaft von Buddhas Schülern. Sie wurden Schüler durch die Ordination zum Mönch, zur Nonne oder zum Bodhisattva. Durch diesen Akt drücken sie ihren Glauben an diese übermittelte Unterweisung aus und ihr Vertrauen in denjenigen, der sie als Nachfolger Buddhas weitergibt. Das was wir *sanzen* nennen, die Zen-Praxis, ist die Praxis unter der Leitung eines Meisters. Ohne Meister keine Sangha. Innerhalb der Sangha gibt es Verbindungen geschwisterlicher Sympathie und gegenseitigen Respekts. Die Praxis jedes Einzelnen wird zur Anregung und zur Hilfe für andere. Im Unterschied zur einsamen Praxis wird sie auf natürliche Weise uneigennützig. Die anderen sind ebenso Spiegel und helfen uns, uns zu verstehen und zu vergessen. Schließlich ist die Sangha in Einheit mit Buddha und dem Dharma und bildet einen jener »drei Schätze« des Buddhismus.

Was ist ein Bodhisattva? Meister Deshimaru sagte, ich zitiere aus dem Gedächtnis: »Wenn diejenigen, die die Bodhisattva-Gelübde annehmen, nur wüssten, wozu sie sich verpflichten!«

Ursprünglich war der Bodhisattva ein Laienschüler Buddhas, der seiner Unterweisung folgte und sie praktizierte, ohne der Welt zu entsagen, wie es die Mönche taten. Der Bodhisattva hat ein Familienleben, einen Beruf und bleibt mit der sozialen Welt in Verbindung. Er übt einen günstigen Einfluss aus, indem er sich nicht von den gewöhnlichen Leuten und den Schwierigkeiten des sozialen Lebens trennt, das er mit anderen teilt. Mit der Entwicklung des Mahāyāna-Buddhismus ist er zum Ideal dieses Weges geworden. Dieser Weg wird »Großes Fahrzeug« genannt, weil er nicht für eine Minderheit von Mönchen reserviert ist, sondern einen universellen Weg der Befreiung bildet, jenseits des Ideals der asketischen Heiligkeit des Theravāda, das nur die von der Welt zurückgezogenen Mönche verwirklichen können. Der Bodhisattva begreift durch Zazen, dass sein Leben weder von dem der anderen getrennt noch von ihrem Leben verschieden ist.

Wenn wir die Leerheit erfahren, das Nicht-Ego, verwirklichen wir unsere wechselseitige Abhängigkeit mit allen Wesen des Universums. Wenn wir diese wechselseitige Abhängigkeit akzeptieren, harmonisieren wir uns mit der kosmischen Ordnung, wir erleben sie positiv. Man sagt oft, dass der Bodhisattva auf sein Erwachen verzichtet, solang nicht alle Wesen das Nirvāna erreicht hätten. Aber in Wirklichkeit ist er schon vollständig erwacht und kann deswegen durch sein natürliches Mitgefühl helfen. Der Bodhisattva, der ein nicht-egoistisches Leben führt, verwirklicht das Nirvāna, während er inmitten der Welt der Erscheinungen lebt.

Die Mönche müssen vor allem Bodhisattvas sein. Die Handlungen des Bodhisattvas ausführen, um anderen zu helfen, bedeutet sich nicht zu unterscheiden, sich nicht zu trennen, sondern zu versuchen die Leiden aller fühlenden Wesen zu erleichtern. Tröstende Worte zu finden, Geduld und Bemühung zu praktizieren. Meditieren, um mit Weisheit und Mitgefühl zu handeln.

Was drücken die Worte kū *und* mu *aus?*

Mu ist Verneinung, Abwesenheit von etwas. Man sagt zum Beispiel *mushin* sein, ohne persönliches Bewusstsein, ohne Absicht, frei von jedem Objekt. Es stellt eine Art und Weise dar frei und spontan zu sein. Oder man sagt *mushotoku*, ohne ein Verdienst zu erwarten, einen Profit, oder auch *mumyō*, nicht klar, nicht hell, was den Zustand der Verblendung, der Illusion des Egos, das vom Karma bedingt ist, darstellt. In einem Mondō ist *mu* aber jenseits einer simplen Verneinung. Es ist jenseits jeder Dualität. In Jōshūs Antwort auf die Frage: »Hat ein Hund das Wesen Buddhas?« drückt »*mu*« die unendliche Eigenschaft der Buddha-Natur aus, die jeder Bestimmung entgeht.

Kū bedeutet Leerheit, Abwesenheit von fester Substanz. Es drückt die wechselseitige Abhängigkeit aller Existenzen aus. Das Schriftzeichen »*kū*« stellt den Himmel dar, der alles, den gesamten Kosmos, die grundlegende kosmische Wirklichkeit vereint. Es ist unser Geist beim Zazen, verbunden mit dem ganzen Universum. Im *Hannya Shingyō* heißt es auch: In *kū* gibt es weder Ego noch Leiden, weder Angst noch Wahrheit, noch Illusion. *Kū* verwirklichen heißt frei zu werden von jedem Gegenstand und jedem Gegensatz, und gemeinsam über alle Hindernisse hinauszugehen, an das Ufer des Nirvāna.

Können Sie, weiterhin im Rahmen der Tradition, über die grundlegenden Gegenstände sprechen, die beim Zazen vorhanden sind, über Zafu, Kesa *und* Kyōsaku*?*

Das Zafu ist ein rundes, mit Kapok gefülltes Kissen von etwa zwanzig Zentimetern Höhe. Um Zazen zu praktizieren, setzen wir uns auf die vordere Hälfte; die Beine werden gekreuzt, die Knie berühren den Boden. Durch das Zafu können wir eine stabile Haltung einnehmen, mit einem nach vorn geneigten Becken, wobei man die Wölbung der Lendengegend respektiert, sie nicht verstärkt und keine Spannungen schafft. So können wir die Wirbelsäule von der Taille aus strecken und den Rücken gerade halten. Der Bauch ist entspannt und die Ausatmung kann lang und tief werden. Der Gebrauch des Zafu geht auf Buddha Shākyamuni zurück, der sich ein Kissen aus Gräsern geformt hatte, um Zazen unter dem Bodhi-Baum zu praktizieren. Das Zafu muss der Haltung des Einzelnen angepasst sein.

Das Kesa ist das Mönchsgewand, das seit Buddha weitergegeben wird. Als er sein Schloss verließ, um den Weg der Erweckung zu praktizieren, ließ er seine Prinzenkleider zurück und nähte sich ein Gewand aus einem rechteckigen Stück Stoff, das aus Bändern zusammengenäht wurde. Jedes Band war zusammengesetzt aus Lumpen und weggeworfenen Fetzen, die Shākyamuni auf Totenfeldern aufsammelte. Nachdem sie gründlich gewaschen, ockerfarben gefärbt und zusammengenäht worden waren, wurden sie zu dem Gewand, mit dem Buddha Zazen praktizierte, bettelte und das Erwachen verwirklichte. Dieses Stück Stoff wurde zum Symbol der Metamorphose von menschlichen Leidenschaften in Weisheit. Als Buddha die Essenz seiner Unterweisung an Mahākāśyapa übermittelte, gab er ihm auch sein Kesa, das heutzutage während der Ordinationszeremonie weiterhin symbolisch übergeben wird. Jeder Mönch muss drei Kesa besitzen: das kleine aus fünf Bändern, *rakusu* genannt, das im Alltag getragen wird, das siebenbändige Kesa, das man beim Zazen trägt, und das Kesa aus neun Bändern, das getragen wird, wenn man eine Verantwortlichkeit innerhalb des Dōjō oder während einer Zeremonie übernimmt.

Das Kyōsaku ist ein Stab mit einem flachen Ende. Er wird benutzt, um den Zazen Praktizierenden zu helfen die rechte Achtsamkeit beizubehalten. Aus diesem Grund nennt man ihn den »Stab der Erweckung«. Der Kyōsaku-Schlag wird demjenigen gegeben, der um ihn bittet. Man schlägt dann auf eine Ansammlung von Akupunkturpunkten auf den Schultermuskeln in der Nähe des Halses. Diese Stimulation weckt diejenigen auf, die am Einschlafen sind und beruhigt diejenigen, die zu aufgeregt sind. Auf diese Weise kann man den Normalzustand des Körpers wieder finden, nicht zu angespannt, nicht zu locker, und den Normalzustand des Geistes, jenseits des Denkens und des Nicht-Denkens.

Die Zeremonie, die der Zazen-Praxis folgt, wirft viele Fragen auf. Manche Anfänger sagen, dass sie gerne Zazen machen, durch die Zeremonie aber verstört sind. Andere beschließen wegen dieser Zeremonie nicht wieder zu kommen. Und immerhin sagte Meister Deshimaru: »Die Zazen-Praxis und das bei der Ordination überreichte Kesa sind die Essenz des Zen«.

Niemand ist verpflichtet der Zeremonie zu folgen. Sie können während dieser Zeit einfach in der hinteren Reihe sitzen bleiben und die Händen in *gasshō* halten. Meister Nyojō sagte: »Körper und Geist abgeworfen – das ist die Praxis des Zen. Es ist nicht notwendig Räucherwerk abzubrennen, sich niederzuwerfen, den Namen Buddhas zu wiederholen, sich Kasteiungen zu unterwerfen oder Sūtren zu rezitieren. Konzentrieren sie sich auf das rechte Sitzen im Zazen.«

Es stimmt, dass Zeremonien nicht »notwendig« sind. Zazen braucht nichts: Es ist keine Technik und keine spirituelle Erfahrung, die man durch ein ausgetüfteltes Ritual vervollständigen müsste. Zazen selbst ist die Praxis-Verwirklichung des höchsten Erwachens. Wozu sich also mit Zeremonien belasten? Sie können in der Tat beschließen sie abzuschaffen, aber Sie werden feststellen, dass das schnelle Aufstehen nach dem Zazen und der Wechsel zu den Aufregungen des Alltags ohne Übergang nicht befriedigend sind. Sie würden sich dann sicherlich fragen: »Könnte man nicht etwas Einfaches machen, das eine natürliche Fortsetzung der Körperhaltung, der Atmung und des Zazen-Geistes wäre?« Das ist genau das, was wir Zeremonie nennen und was wir so fortsetzen, wie es Meister Deshimaru gemacht hat.

Zu Anfang legen wir die Hände in Gasshō und rezitieren das Kesa-Sūtra. Gasshō ist die Geste des Respekts. Sie verwirklicht die Harmonie zwischen einem selbst und den anderen, zwischen dem Materiellen und dem Spirituellen. Meister Deshimaru sagte: »Die linke Hand repräsentiert Gott oder Buddha, die rechte das Ego. Indem man sie zusammenführt, schafft man die völlige Einheit mit Gott oder Buddha.«

Danach bringt der Godō Weihrauch dar, und alle werfen sich in *sampai* nieder. Sampai stellt den perfekten Ausdruck von Zazen dar: sein Ego aufgeben, Körper und Geist abwerfen und demütig werden gegenüber den anderen, gegenüber der kosmischen Ordnung und all den lebenden Buddhas, die kommen, um mit uns Zazen zu praktizieren. Sampai heißt zu bekennen, dass der Dharma, die Übermittlung der Unterweisung, viel wichtiger sind als unser kleiner Körper. Dann rezitieren wir das *Hannya Shingyō*, das *Sūtra der Höchsten Weisheit.*[8] Wenn Sie es studieren, werden Sie verstehen, dass dieses Sūtra alle grundlegenden Begriffe des Zen-Buddhismus ausdrückt: Geist des Nicht-Profits, *mushotoku*, und das Mitgefühl des Zazen. Sicher ist es während der Rezitation

8 Herausgegeben und kommentiert von Taisen Deshimaru-Rōshi. Werner Kristkeitz Verlag, Heidelberg-Leimen.

nicht erforderlich über seine Bedeutung nachzudenken, sie aktualisiert sich durch die Haltung und die tiefe Atmung der Rezitation selbst. Danach kommen die vier Gelübde des Bodhisattvas:
»So zahlreich die Wesen sein mögen, wir geloben sie alle zu retten.
So zahlreich die Leidenschaften sein mögen, wir geloben sie alle zu überwinden.
So zahlreich die Dharmas sein mögen, wir geloben sie alle zu erlangen.
So vollkommen der Weg Buddhas sein mag, wir geloben ihn zu verwirklichen.«

Diese Gelübde sind der Ausdruck des Vertrauens in Zazen. Sie drücken die Motivation aus die Praxis auf ewig fortzusetzen. Welch besseren Sinn kann ein menschliches Leben haben? Diejenigen, die fragen: »Was heißt Bodhisattva werden? Wozu verpflichtet die Ordination?«, erhalten die einfache Antwort: Zazen weitermachen und die Gelübde verwirklichen.

Das folgende *ekō*, danach das *Ji hō san shi* und das Darbringen von Räucherwerk widmen die vorhergegangene Zeremonie allen Meistern der Übermittlung, allen Praktizierenden und allen fühlenden Wesen. Es bedeutet, die Verdienste aus Zazen dem Wohl des gesamten Universums zu widmen. Das *kitō* hat die gleiche Bedeutung. Wenn wir Zazen, Sampai und Gasshō praktizieren, geben wir unser persönliches Bewusstsein auf und denken nicht mehr: »Ich praktiziere für die anderen.« In diesem Moment wird die Praxis universell. Alle Wesen werden günstig beeinflusst und reagieren, indem sie ihrerseits eine gegenseitige Sympathie schaffen. Das nennen wir die Entwicklung des Geistes des Erwachens durch *kannō dōkō*.

Was wäre die Zeremonie ohne Zazen?

Ohne Zazen würde sie zu einem förmlichen Ritual werden wie die Rituale der Religionen, die sich von der wirklichen Erfahrung des Geistes getrennt und dadurch die Dekadenz und die Krise des authentischen religiösen Geistes ausgelöst haben. Nach dem Zazen wird die einfache Zeremonie, die uns Meister Deshimaru weitergegeben hat, zum Ausdruck des tiefsten und lebendigsten religiösen Geistes, der genauso notwendig für das Gleichgewicht und für das Leben des Menschen ist wie Nahrung und Atmung. Wenn wir das Dōjō verlassen, kann unser Leben in der völligen Aufmerksamkeit uns selbst und anderen gegenüber zum Ausdruck dieses Geistes werden und die Weisheit und das Mitgefühl, das aus Zazen entsteht, aktualisieren.

III

Vom Ego und insbesondere vom Leiden

Warum ist der Begriff des Leidens im Buddhismus vorherrschend? Kann man sagen, dass das Leiden notwendig ist? Und mit welchen Mitteln kann man das Leiden verhindern?

Buddhas Ausgangspunkt war die Entdeckung des Leidens und die Suche nach einem Heilmittel für dieses universelle Leiden. Ich glaube, dass sich jeder von uns des Leidens bewusst werden muss. Leiden ist für mich weder etwas Schicksalhaftes noch etwas Schlechtes und ich denke weder, dass das Leiden für die Evolution notwendig sei noch für die Erlösung von einer Ursünde, wie in der christlichen Religion behauptet. Für mich ist Leiden eher das Zeichen oder das Symptom einer Funktionsstörung, die aus der Unkenntnis unserer tiefen Wirklichkeit stammt. Diese Unkenntnis erschafft Mangelgefühle, Frustrationen und die Notwendigkeit ein künstliches Ego aufzubauen. Man funktioniert auf eine ausschließlich dualistische Weise; jeder Schmerz wird zu Leiden. Das heißt, jeder Schmerz wird vom Ego als Frustration, als Beeinträchtigung, als Ungerechtigkeit angesehen. Vom Ego aus gesehen gibt es immer einen Gegensatz zum Schmerz, eine Revolte, die diesen Schmerz in Leiden umwandelt. Ich würde sagen, dass Leiden ein Dramatisieren und ein Nicht-Akzeptieren des Schmerzes durch das Ego ist.

Wir können zwischen Schmerz und Leiden einen Unterschied machen. Schmerz kann unabhängig vom Ego existieren, als körperlicher Schmerz, als Krankheit. Oft ist er übrigens ein Alarmzeichen, welches uns davor warnt, dass die Integrität unseres Körpers bedroht ist. Leiden dagegen ist ein Alarmzeichen des Egos, das den Schmerz ablehnt. Zum Beispiel kann es beim Zazen passieren, dass wir Schmerzen in den Knien haben. Wenn wir diesen Schmerz nicht dramatisieren, bleibt er so wie er ist. Wenn aber stattdessen der mentale Prozess einsetzt: »Das ist unerträglich«, wenn man sich am Ende des Zazen fragt: »Weshalb bin ich hierher gekommen? Das ist das letzte Mal, dass ich bei einem Sesshin mitmache ...«, dann wird der Schmerz zum wirklichen Leiden. Zazen ist dennoch keine Kasteiung, denn es ist erlaubt die Beine auseinander zu falten, wenn die Schmerzen unerträglich sind. Man sucht den Schmerz nicht um des Schmerzes Willen, als Prüfung, die man durchstehen müsste. Für jeden von uns ist es wichtig das Leiden zu nutzen. Man sollte es nicht ablehnen, ihm nicht ausweichen, um zu versuchen unmittelbar einen idealen Zustand ohne Leiden zu erreichen. Man muss es im Gegenteil als Symptom einer Krankheit betrachten, die geheilt werden kann. Das war die Haltung Buddhas.

Manchmal leiden wir, ohne genau zu wissen warum. Es ist eine Art von Unbehagen, ein Zustand von Frustration, ein Unwohlsein. Es ist kein bestimmter Leidenszustand mit einem erkennbaren Grund. Also ist es wichtig aufmerksam zu sein, sich jedes auftretenden Unbehagens bewusst zu werden und dessen Ursprung wirklich zu verstehen. Durch Leiden können wir entdecken, dass wir Opfer einer Illusion sind, einer Anhaftung, einer Unkenntnis unser selbst, und dass wir außerhalb unseres wahren Wesens leben. Durch jedes Leiden kann der normale Zustand wieder entdeckt werden. Was Meister Deshimaru Satori nannte, ist die Rückkehr zum Normalzustand.

Die Vorgehensweise besteht folglich darin zu sehen, was uns daran hindert glücklich und frei zu leben. So können wir erkennen, dass wir ständig in Dualität mit der Wirklichkeit sind; wir befinden uns in einem Zustand des Begehrens, weil uns etwas fehlt. Wir müssen unbedingt begreifen, dass unsere Existenz unbeständig ist, eingeschränkt vom Körper, von Raum und Zeit, und dass wir Geburt und Tod unterworfen sind, obwohl wir danach streben vollkommen unbegrenzt zu sein, in einem Zustand des Überflusses jenseits von Tod oder Mangelgefühl. Dieses Streben drängt uns ein beständiges Ego zu schaffen, ein Selbstbild, an dem wir hängen. Es ist diese falsche Identität, die Leiden schafft. Wir finden uns also getrennt vom Rest des Universums wieder, in uns selbst eingeschlossen, eingeschränkt von Raum und Zeit. Daraus folgt das Gefühl des Mangels.

Leiden bringt uns immer dazu, uns mit einem eingeschränkten Ego, dem etwas fehlt, zu identifizieren. Alles wirft uns auf unsere Zerbrechlichkeit zurück, während wir in Wirklichkeit weder Anfang noch Ende haben. Alles was unser Sein bildet gehört uns nicht. Wir sind die Konkretisierung der kosmischen Energie, die in einem bestimmten Moment eine Form einnimmt. Wir sind nie von ihr getrennt, und in dem Moment, in dem wir uns als getrennt wahrnehmen, erscheint dieses Gefühl von Mangel und von Zerbrechlichkeit.

Leiden ist also während unseres ganzen Lebens gegenwärtig?

Wenn Buddha gesagt hat: »Leben ist Leiden«, so bedeutet das nicht, dass man immer leidet. Aber das Leben, das nur auf dem Niveau des Egos gelebt wird, in der Unwissenheit der wahren Natur unseres Geistes, ist eine potenzielle Ursache des Leidens.

Alle Unterweisungen Buddhas handeln davon, uns durch die Zazen-Praxis das Ausmaß dieser Unkenntnis entdecken zu lassen, den Umfang unserer unaufhaltsam wiederkehrenden Begierden. Buddha nannte das Leiden *dukkha*, was bedeutet, dass selbst Glück Leiden ist, weil es auf unbewusste Weise Verlustangst und das Bewusstsein für seine Zerbrechlichkeit schafft. Wahres Glück bedeutet jenseits der Anhaftung am Glück zu sein, und die Unbeständigkeit als grundlegende Wirklichkeit unseres Lebens vollkommen zu akzeptieren.

Die Praxis erlaubt uns zu entdecken, dass ein Zustand ohne Leiden existiert. Das ist die dritte der Vier Edlen Wahrheiten. Dieser Zustand hängt nicht von einer Befreiung nach dem Tod ab, sondern wird hier und jetzt durch die Praxis der Meditation und im täglichen Leben erreicht. Wir können diesen Zustand erleben, indem wir uns mit der Wirklichkeit der Welt vereinigen, indem wir in Einheit leben mit den Phänomenen unseres Lebens und indem wir den Geist aufgeben, der unaufhörlich Einschränkungen und Trennungen schafft. Dieser Geist ist, so die moderne Wissenschaft, mit der linken Gehirnhälfte verbunden, dem Gehirn der Sprache, der Konzepte und der Dualität, das die Ursache des mit Trennung verbundenen Leidens ist.

Die Zazen-Praxis ermöglicht die Erfahrung des Zustands, der aus der Anregung der rechten Gehirnhälfte entsteht. In diesem Zustand gibt es keine begriffliche Vorstellung mehr, keine Trennung zwischen Vorher und Nachher, zwischen mir und dem anderen, zwischen mir und der Natur. Es gibt keine Hoffnung mehr auf die Zukunft, kein Bedauern mehr über die Vergangenheit; es existiert allein eine Art des Seins, die vollständig in Einheit mit dem Hier und Jetzt ist. Dieser Zustand kennt keinen Gegenstand mehr, kein Gefühl des Mangels, keine Begierde und kein Missen. Kaum ändern wir unsere Sichtweise, ist alles da. Dieses Bewusstsein wird im Buddhismus »der friedliche Geist des Nirvānas« genannt. Es bedeutet auch, dass man Schmerz und Emotionen akzeptiert, so wie sie sich mit ihren unausweichlichen Eigenschaften darstellen.

Es gibt einen weisen Weg ein schmerzhaftes Ereignis zu akzeptieren. Wenn zum Beispiel Ihre Freundin Sie wegen eines anderen verlässt, könnten Sie sich sagen: »Wenn sie mit jemand anderem glücklich ist, umso besser.« So kann ein Zustand von bedingungsloser Liebe bestehen, unabhängig von der Haltung des anderen zu einem selbst. Aber auch eine andere Reaktion ist möglich, in der man einfach seinen eigenen Schmerz akzeptiert, denn er ist Realität. Auf diese Weise akzeptieren wir das Leben so, wie es sich durch das illusorische Ego darstellt. Die Praxis bewirkt nach und nach eine Entdramatisierung des Leidens und seiner Ursachen und eine Verringerung der Anhaftung daran. Man setzt sich allerdings dem Risiko aus wiederum am Loslösen zu haften und jedes Leiden als seinen eigenen Fehler zu betrachten. Man muss auch akzeptieren zu leiden.

Zum Beispiel das Annehmen von Traurigkeit. Sicherlich ist Traurigkeit ein Zeichen von Nicht-Akzeptieren, von Mangelgefühlen. Man kann die Symptome aufarbeiten und bis zur Wurzel dieses Leidens gehen; so kann die Traurigkeit gemildert werden. Aber es gibt eine einfachere, radikalere Art und Weise vorzugehen: die Traurigkeit so zu akzeptieren wie sie ist, hier und jetzt.

Auf intellektueller Ebene sind diese Punkte ganz gut integriert. Aber warum gelingt es einigen dies umzusetzen und anderen nicht? Obwohl sie langjährige Schüler sind, bleiben sie in ihrem Leiden verankert.

Ich denke, dass diese Dinge je nach Zeitpunkt unseres Lebens mehr oder weniger gut integriert werden und dass die Ungleichheit sich vor allem aus unserem vergangenen Karma ergibt, den Bedingtheiten, die wir von unserem früheren Verhalten geerbt haben. Es gibt Leute, die auf natürliche Weise wenige Begierden haben, und andere, die ein aufbrausendes und besitzergreifendes Naturell haben. Hinzu kommt die Art, wie und mit wem wir praktizieren. Wenn wir halbherzig sitzen, mit wenig Überzeugung, oder wenn wir die spirituelle Praxis als einfache Gesundheitspflege benutzen, das heißt, wenn sie daraus besteht mehr erhalten zu wollen, mehr Wohlbefinden und Behaglichkeit, dann können wir sehr lange praktizieren, ohne etwas in der Tiefe aufzulösen.

Der Wunsch nach Erwachen muss sehr intensiv und durch die Begegnung mit dem Meister angeregt werden. Wenn man ohne Meister praktiziert, riskiert man diesen brennenden Wunsch zu verpassen.

Wenn man einen Weg wählt, kann man beobachten, dass das Leben sich ändert. Einige Leute sagen sogar, dass sie mehr Leiden empfinden als früher. Handelt es sich dabei um eine Reinigung?

Wenn wir anfangen Zazen zu praktizieren, werden wir aufmerksamer auf das, was in uns passiert, auf unser Leiden. Wohingegen wir sonst die Ursachen unserer Leiden ablehnen und sie verhüllen, da wir nicht leiden möchten. Vorher kannten wir uns nicht selbst; dadurch konnten wir uns mit unklaren Situationen abfinden. Wir hatten ein Verteidigungssystem aufgebaut, das uns in einer Art labilem Gleichgewicht hielt. Die Praxis schafft einen schärferen Blick, eine größere Klarsicht, die die guten und die schlechten Dinge hervortreten lässt. Alles, was in unserem Leben falsch war, erscheint uns auch als völlig falsch, geradezu als unerträglich. Dies erlaubt es uns, gewisse Verhaltensformen aufzugeben, manche Wahl aufzugeben, die nicht mehr im Zusammenhang steht mit dem Weg, dem wir folgen. Wir stellen uns wieder in Frage.

Wir können dies die Wirkung des Spiegels nennen. Zazen erschafft kein Karma, aber es erlaubt uns unser Karma zu sehen, zu sehen, wohin uns diese Art von Aktion, diese Wahl führt, und zu verstehen, welche Art von Auswirkung unsere gegenwärtigen Gedanken, Handlungen und Worte haben können. So könnten wir glauben, dass wir schlechter werden als früher und dass Zazen nicht zu uns passt, oder auch dass alles gut lief und plötzlich nichts mehr in Ordnung ist. Eine Praxis des Weges, in der alles zuvor Negative positiv und wunderbar wird, wäre ein Irrtum, die Verweigerung von Erkenntnis, ja geradezu eine Missachtung unser selbst. Wenn wir zum Beispiel einen Splitter im Fleisch haben, ist es schmerzhaft ihn zu entfernen. Wir können beschließen den Splitter nicht zu entfernen, um nicht zu leiden. Wenn wir ihn nicht berühren, spüren wir ihn nicht, aber er ist immer noch da. Aber sobald diese Stelle berührt wird, tut sie weh. Die Operation ist schmerzhaft, aber heilsam.

Was antwortet man denen, die ein gewisses Gleichgewicht verwirklichen konnten und die behaupten nicht zu leiden, absolut glücklich zu sein und es nicht nötig zu haben einem spirituellen Weg zu folgen?

Diese Personen halten sich in einem Zustand des relativen Wohlbefindens, sind aber eigentlich in einem zerbrechlichen Gleichgewicht, denn sie wurden niemals mit der wahren menschlichen Bedingung konfrontiert, die Träger des Leidens ist. Früher oder später werden sie unvermeidlich das, was das Gleichgewicht darstellt, verlieren, wobei das Gerüst einstürzen wird. Die Einstellung »Ich bin hier und jetzt glücklich; mir fehlt nichts« ist sehr provisorisch. Wenn ich klarsichtig bin, begreife ich, dass ich eines Tages alles, was ich besitze, verlieren und aufgeben werde. Ganz einfach nur begreifen, dass man sterben muss und nichts mitnehmen kann. Wer sich mit seinem Leiden auseinandersetzt, wer versucht die Ursache zu verstehen, wer bis an die Wurzel geht, wird ohne Zweifel Schwierigkeiten durchqueren, aber zu seinem Gleichgewicht zurückkehren, zum Normalzustand, zu dem derjenige nicht zurückkehren kann, der diesen Weg nicht geht.

Es ist die Geschichte Buddhas, der gut aussehend, gesund und in einer reichen Familie geboren wurde. Er hatte eine schöne Frau und ein schönes Kind. Alles lief gut. Dann, so sagt die Legende, während einer Ausfahrt aus dem Palast, begegnete er nacheinander einem Alten, einem von Krankheit erschöpften Mann, einem Leichnam und einem umherirrenden Asketen. Von der Unbeständigkeit des Lebens erfasst, verließ er seine Familie und seinen Palast, um seine Suche zu beginnen.

Leiden bietet die Gelegenheit die Offenbarung der Wirklichkeit unseres Lebens zu erleben. Das Leben ist unvermeidlich Träger von Leiden. Durch Entwicklung kann man dem Leiden nicht entfliehen, aber es sehen und seine Nachricht verstehen.

Aber um auf die Frage zurückzukommen: es ist nicht notwendig diese Personen zu nötigen sich in Frage zu stellen; das Leben wird das übernehmen. Der Weg beginnt an dem Tag, an dem wir uns dessen bewusst werden, dass die Bequemlichkeit und das Wohlergehen, in dem wir uns befinden, zerbrechlich ist, und an dem wir die Notwendigkeit empfinden zu verstehen und einen weniger abhängigen Seinszustand zu entdecken.

Dazu gibt es im *Lotos-Sūtra* die Metapher des brennenden Hauses und der drei Karren: In einem Haus spielen Kinder; sie sind glücklich, alles läuft gut, aber sie sehen nicht, dass im Haus ein Feuer ausgebrochen ist. Außerhalb des Hauses sieht jemand, dass das Leben der Kinder in Gefahr ist. Er versucht mit Schreien die Aufmerksamkeit der Kinder zu erregen, aber die Kinder schauen nicht in seine Richtung, weil sie alles haben, das sie brauchen. Sie besitzen zahlreiche Spielsachen. Also zeigt er den Kindern drei wunderschöne Karren. Die Kinder sind überwältigt und eilen herbei, um in die Karren zu steigen. In diesem Moment beschreiten sie den Weg, drehen sich um und sehen, dass das Haus brennt. Der besagte

Retter ist Buddha, der die Kinder mit noch herrlicheren Spielsachen verführt hat, um ihnen zu ermöglichen ihrer zerbrechlichen Bedingung zu entkommen. Wenn wir Vorträge halten, handeln wir ähnlich: Wir preisen die Verdienste des Zazen und lenken die Aufmerksamkeit auf die Unbeständigkeit und die Zerbrechlichkeit menschlichen Glücks.

Wie spielt sich in dem Weg des Zen-Buddhismus die Umwandlung des Egos ab, und wie haben Sie dies selber erlebt?

Früher empfand ich eine Art existenzieller Angst. Ich wollte in meinem Leben Erfolg haben, mich bestätigen und eine Spur hinterlassen, entweder in Gestalt einer politischen Aktion oder durch das Schaffen eines Werks. Seit ich Zazen praktiziere, ist mein Leben viel leichter. Ich kümmere mich nicht mehr um diese Art von Problemen. Eine innere Entspannung ist entstanden; ich muss mich nicht mehr als Ego bestätigen. Ich behalte meine Eigenschaften, meine Wünsche, meine Leidenschaften. Aber ich steuere meine persönlichen Eigenschaften zu dem bei, was ich zu tun habe und was nicht persönlich ist. Ich stelle mir keine existenziellen Fragen mehr über den Sinn meines Lebens. Mit anderen Leuten Zazen machen, von dieser Erfahrung aus leben und mit anderen kommunizieren ist der Sinn meines Lebens geworden. Ich brauche nicht mehr darüber nachzudenken.

Wenn wir Zazen praktizieren, ist es offensichtlich, dass diese Praxis auf natürliche Art zum Spiegel wird, in dem wir uns betrachten. Dies verwirklicht sich nicht nur während einer Zazen-Periode, nach und nach breitet sich dieser Spiegel im Alltag aus. Wir beobachten unsere Handlungen, unsere Gedanken und unsere Empfindungen. Dann stellt sich im Hinblick auf diese Handlungen und Gedanken ganz natürlich ein Loslösen ein, wodurch wir sie viel näher betrachten können. So kann uns die Praxis zeigen, in welchem Punkt wir manchmal egoistisch sind. Indem wir sehen, stagnieren wir nicht in den Gefühlen, die an eine egoistische Anhaftung gebunden sind, und können das Blatt schneller wenden. Die egoistischen Impulse funktionieren immer, aber wir messen ihnen viel weniger Bedeutung bei und geben sie schneller auf.

Wo bleibt da die Moral? Existieren ethische Regeln, oder ergibt sich die Moral aus der Praxis?

Man könnte glauben, dass die Erfahrung des Nicht-Egos in einen Nihilismus ohne moralische Werte mündet. Für mich ist sie im

Gegenteil die Grundlage wahrer Ethik. Es handelt sich nicht um eine Ethik, die durch Verbote funktioniert, sondern um eine natürliche Ethik, die aus dem Unvermögen kommt weiterhin egoistisch zu handeln. Die Ursache des Üblen ist an der Wurzel abgeschnitten.

Wir müssen trotzdem erkennen, dass eine andere Wirklichkeitsebene existiert, die aus dem Karma, aus den Konditionierungen hervorkommt, wo wir zu gewissen Handlungen verführt werden, wenn wir nicht achtsam sind. Aus diesem Grund gibt es auch im Zen ethische Regeln, die während der Ordination übermittelt werden.

Aber wenn wir sehen, dass wir uns egoistisch verhalten, müssen wir uns dann niemals anstrengen bestimmte Handlungen nicht zu begehen oder bestimmte Gedanken nicht zu haben?

Die einfache Tatsache zu sehen genügt sehr oft, um diese Gedanken vorbeiziehen zu lassen. Dennoch können negative Gewohnheiten fortdauern, Handlungen und Gedanken, die sich wiederholen. Wenn wir nicht beschließen sie aufzugeben, können sie trotz der Praxis noch lange Zeit weiter bestehen. Die Evolution ist nicht nur unbewusst und natürlich. Manchmal ist es notwendig die Entscheidung zu treffen, gewisse Verhaltensweisen zu beenden oder zu ändern. Man sollte von Mitgefühl motiviert sein, um diese Entscheidung zu treffen, da unser schlechtes Karma die anderen stört. Dieses Mitgefühl und die Energie zur Veränderung erhalten wir durch Zazen.

Durch Ihre Verantwortlichkeiten ist Ihr Leben den anderen gewidmet. Wie zeigt sich bei Ihnen der Fortbestand Ihres Egos?

Es passiert, dass ich ungeduldig oder eifersüchtig werde oder dass ich Kritik schlecht ertrage oder nicht gestört sein will. Wenn ich Ihnen eine Liste der Manifestationen meines Egos aufstellen sollte, müsste ich Ihnen mein Leben erzählen.

Mit Ihrer Frage unterstellen Sie gewissermaßen eine endgültige Trennung vom Ego, wenn man den Weg praktiziert. In Wirklichkeit besteht unsere Praxis darin, in jedem Augenblick das Ego aufzugeben. Aber an einem bestimmten Moment wurde mir klar, dass ich mich jahrelang ganz und gar auf Zen und die Sangha konzentriert hatte und ich Ruhe brauchte, um diese Verantwortung besser auf mich nehmen zu können. Ich dachte dann an Tiefseetauchen, und so reiste ich eine Woche lang nach Guadeloupe und eine Woche zum Roten Meer. Nach einigen Tagen fühlte ich die Nichtigkeit dieser Ferien und war froh wieder ins Dōjō zurückzukehren.

Aber was auch immer ich tue, ich finde immer viele Berührungspunkte zum Zazen. So ist beim Tiefseetauchen die Konzentration auf die Ausatmung grundlegend. Die Angst reizt eher zum Einatmen als zum Ausatmen und man kommt sehr schnell außer Atem. Auch muss man aufmerksam sein auf alles, was passiert, um Unfälle zu vermeiden, man muss in der Gruppe bleiben und genauso auf die anderen konzentriert sein wie auf sich selbst, denn niemand ist vor Nachlässigkeiten oder technischen Fehlern sicher. Zugleich entsteht mit der Notwendigkeit, den zusammen mit mir Tauchenden Vertrauen zu schenken, Konzentration, Aufmerksamkeit im Augenblick, Aufmerksamkeit auf die anderen. Auch wurde festgestellt, dass der Verbrauch an Sauerstoff enorm steigt, sobald zu viele Gedanken oder Emotionen vorhanden sind.

Wie kann das Ego einerseits zur spirituellen Entwicklung beitragen und andererseits ein Hindernis darstellen?

Zu Beginn wird sich das Ego des Leidens bewusst, der Begrenzung eines Lebens, das sich auf der Stufe des Egos befindet. Das Ego schafft diese Bewusstwerdung und den Wunsch darüber hinauszugehen. Dann greift es in die Entscheidung zu praktizieren ein, in die Bemühung und die Regelmäßigkeit. Das Ego ist in der Tat am Ursprung der spirituellen und religiösen Bewegung, denn die spirituelle Entwicklung besteht darin das Ego zu erkennen, zu verstehen und dann über es hinauszugehen.

Am Anfang des spirituellen Weges ist das Ego notwendig, um Energie zu mobilisieren, aber letztendlich kann man die Verwirklichung nur ohne Willenskraft und ohne persönliches Bewusstsein erreichen. Man kann nicht bewusst und willentlich loslassen. Loslassen kann sich nur ereignen, wenn man nicht daran denkt. Man kann nicht vorhersehen, sich sagen oder wünschen: »Jetzt werde ich loslassen.« Es gibt keine Technik, kein bewusstes Geheimnis, welches das Loslassen in einem bestimmten Moment ermöglicht. Es geht einfach darum, mehr und mehr mit der Körperhaltung und der Atmung vertraut zu werden, bis sie das Ego absorbieren. Zum Schluss gibt es keine Dualität mehr zwischen dem Praktizierenden und der Praxis, und durch Zazen kann man darüber hinausgehen.

Aus diesem Grund hat Meister Deshimaru fünfzehn Jahre lang nicht aufgehört über Zazen zu sprechen, auch wenn es uns manchmal übertrieben vorkam. In Wirklichkeit kam seine Unterweisung aus einer sehr tiefen Erfahrung und nicht aus einem simplen Haltungsformalismus. Man kann nicht loslassen ohne eine starke Konzentration auf Körperhaltung und Atmung.

Wenn das Ego während der spirituellen Evolution vielfältige Formen bis zu einer Art »spirituellem Ego« annehmen kann, heißt das, dass wir nur durch eine völlige Hingabe an den Meister die Fassetten dieses Egos unterscheiden können?

Ja ..., aber im Zen-Buddhismus gibt es beides; die Hingabe an den Meister und die Hingabe an die Praxis. Meister Deshimaru schickte uns unermüdlich zum Zazen zurück, wie der Hirte seine Kühe zur Tränke führt.

Ich glaube, dass das »spirituelle Ego« eine Funktion des Egos ist, um sich selbst etwas vorzumachen, indem man glaubt einen besonderen Zustand erreicht und verwirklicht zu haben: »Ich habe Satori ...« Wie ich schon sagte, ist es eine der Finten des Egos glauben zu machen, es sei verschwunden. Sensei erzählte oft die Geschichte von den vier Mönchen, die in einem Tempel im Gebirge Zazen machten: Während eines Schweigesesshin erlischt nachts plötzlich die Kerze. Ein Mönch rief: »Nanu, die Kerze ist aus!« Sein Nachbar entgegnete: »Pst, du darfst nicht sprechen!« Da gab der dritte zurück: »Stimmt, wir hatten beschlossen ein Schweigesesshin zu machen, und ihr habt geredet.« Endlich sagte der vierte, der auch der Godō war: »Hört auf! Ihr seid alle schlecht. Ich habe als Einziger nicht gesprochen.«

Man täuscht sich leicht, indem man glaubt etwas verstanden zu haben. Man muss sehr aufmerksam sein, um sich der Zazen-Praxis nicht als Gegenstand der Belohnung zu bemächtigen, indem man denkt: »Ich bin Mönch oder Godō ...« Wirklicher Buddha ist derjenige, der sein Ego sieht und es versteht. Meiner Erfahrung nach ist es spiritueller Hochmut zu glauben, dass wir keine Illusionen, keine Emotionen und keine Leidenschaften mehr haben. So als würde man glauben der Dieb sei fort, nur weil er sich gut versteckt hat. Eine der grundlegenden Rollen des Meisters ist es, ständig unseren Glauben, etwas überwunden und unser Ego gemeistert zu haben, zu entlarven.

Die rechte Haltung beruht darauf die Fähigkeit des Erkennens zu haben, ein Lächeln bereit zu haben und sich immer in der Mitte der Verwirklichung des Weges zu sehen. Zu diesem Thema gebrauchte Meister Deshimaru ein Bild: Wenn wir uns in einem Boot in der Mitte des Ozeans befinden und uns umschauen, sehen wir nur einen weiten Wasserkreis. In diesem Moment könnten wir glauben, dass der Ozean nur aus einem Wasserkreis gebildet wird. Das wäre aber ein Irrtum. Wenn wir unter die Oberfläche tauchen, können wir einen ganz anderen Aspekt des Ozeans entdecken.

Genauso wie der Ozean hat die Wirklichkeit ebenfalls vielfältige Aspekte. Sie auf Kreise oder Vierecke zu beschränken entstammt dem Bewusstsein des Egos, das begrenzt und reduzierend ist. Es reduziert das Wirkliche zu einem Konzept. Im neunzehnten und am Anfang des zwanzigsten Jahrhunderts dachte man übrigens, dass die Wissenschaft alle Rätsel des Universums ergründen könne. In der Mikrophysik glaubte man den Stein zu entdecken, auf dem das gesamte Universum ruht. In der Astrophysik glaubte man den Urknall verstehen zu können. Aber letztendlich werden die Wissenden immer bescheidener. Die Feststellung, dass das Universum und wir selbst letztendlich ein Mysterium bleiben, führt manche Wissenschaftler zum religiösen Geist zurück.

Unser Verständnis ist begrenzt; das ist es, was ich »auf halbem Weg sein« nenne. Falsche Weisheit denkt alles verstanden zu haben, während wahre Weisheit uns unsere Grenzen sehen lässt. Darum ist der wahre Weise nicht derjenige, der einzig auf der Seite der Weisheit steht, sondern derjenige, der glaubt, dass seine Weisheit eingeschränkt, das Mysterium unendlich und der Dharma unbegrenzt ist. In diesem Moment kann Loslassen entstehen, und man kann sich selbst und den Anspruch alles verstehen zu wollen vergessen.

Welche Verbindung besteht zwischen dem Ego und dem Leiden?

Es ist unmöglich ohne Ego zu sein! Man muss das Ego nur an seinem Platz lassen und darf nicht an ihm hängen. Dennoch kann man sagen, dass es zwei Personengruppen ohne Ego gibt, die nicht leiden. Die erste lebt in psychiatrischen Anstalten und fantasiert; das sind die Verrückten. Die zweite Gruppe sind die Heiligen. Der Verrückte und der Heilige sind sich ziemlich ähnlich. Allerdings ist es nicht ganz richtig zu sagen, Heilige und Verrückte seien ohne Ego, sie haften nur nicht an ihm.

Der gewöhnlich benutzte Ausdruck »ohne Ego sein« bedeutet in Wirklichkeit »nicht an seinem Ego haften«, denn seine Realität ist ohne feste Substanz. Die Wahrnehmung des Egos im Sinn von

»ich bin ich« und »du bist du« bleibt notwendig. Über das Ego hinausgehen bedeutet nicht in einem Zustand der Verschmelzung, der Auflösung zu sein, in dem man keinen Unterschied mehr macht zwischen sich selbst und den anderen; dann wird man verrückt. »Ich bin ich, und du bist du; ich bin nicht du«: Diese Unterscheidung ist nötig, sonst gerät man durcheinander.

Und wenn man sagt: »Ich bin kein anderer als du«?

Ich kann wahrnehmen, dass ich nicht nur ich bin – ich bin ich und du bist du –, sondern dass ich auch du bin und du auch ich bist. Denn wir haben dieselben Wurzeln. Wir teilen dieselbe grundlegende Wirklichkeit. Wir sind durch dieselbe Unbeständigkeit verbunden, und wir haben dieselben Ursachen des Leidens.

Je mehr ich mich meiner Wirklichkeit annähere, desto mehr verstehe ich die anderen und kann mich ihnen nähern. In diesem Moment entwickelt sich die Fähigkeit, sich mit jemandem zu identifizieren, das Mitgefühl. Anstatt mich in einem illusorischen und defensiven System eingeschlossen zu fühlen – nur ich abgeschnitten von den anderen –, bin ich fähig zu kommunizieren, mich selbst zu vergessen, offen und verfügbar zu sein.

Diese intuitive Wahrnehmung meiner Wirklichkeit wird ermöglichen, dass ich nicht nur ich bleibe, sondern dass ich mein Ego, meine Eigenschaften und meinen Unterschied beiseite lassen kann, um eins zu werden und um du zu werden. Diese Fähigkeit entwickelt sich mit der Zazen-Praxis. Die Vertrautheit mit mir selbst wird die Vertrautheit mit den anderen ermöglichen. Wenn man die anderen zurückweist, liegt es oft daran, dass sie uns auf eine Wirklichkeit hinweisen, die man in sich selbst nicht sehen wollte. Je besser wir uns beobachten und das Ausmaß unserer eigenen Illusionen sehen können, desto mehr sind wir im Stande, sie bei anderen zu akzeptieren.

Zazen zeigt uns auch, dass all dies ohne feste Substanz ist und dass wir diese höchste Realität, diese Leerheit, mit allen Wesen des Universums teilen.

Was ist der Ursprung des Egos? Wenn man ein Kind sieht, könnte man meinen, dass es kein Ego besitzt. Es wechselt extrem schnell vom Lachen zum Weinen und ist sehr spontan.

Das Ego wird durch die Sprache gebildet. Es ist das Subjekt »ich« der ersten Person. Es ist wichtig, dass dieses Ego sich bildet, sonst lädt das Subjekt schlimme psychische Probleme auf sich wie Psychosen oder Schizophrenie. Es ist lebenswichtig sich von seiner Mutter loslösen zu können und sich als Einzelperson zu erkennen. Das Ego ist eine Dimension, zu der man Zugang bekommen muss, um als menschliches Subjekt zu leben. Wir müssen zuerst Zugang zu unserer Individualität haben, um danach über sie hinauszugehen. Das Ego ist nicht verantwortlich für all unsere Übel; das Ego ist eine notwendige Passage zum Zugang zur Individualität, zur Menschlichkeit.

Viele Meister haben sogar kräftige und starke Egos von ihren Schülern gefordert.

Ja. Ich teile diese Idee. Ein gut strukturiertes Ego ist notwendig, um »darüber hinausgehen« zu können. Wer die Grundlagen seiner eigenen Identität, seiner Unterscheidung von den anderen nicht aufgebaut hat, ist psychologisch zu zerbrechlich, um die notwendigen Schritte dafür zu unternehmen. Der Zustand ohne Ego ist ein Fortschreiten zu einer weiter reichenden Dimension, in der wir aber unsere Bezugspunkte und unsere Persönlichkeit beibehalten. Aus diesem Grund sage ich, dass Geisteskrankheit und Heiligkeit sich ähnlich, aber nicht identisch sind. Der Geisteskranke ist zu einem früheren Zustand seiner Individualisierung zurückgegangen, und der Weise schreitet über das Ego hinaus, dessen Grenzen er kennt und die er akzeptiert und integriert hat.

Das Ego gleicht unserer Haut. Es ist notwendig, damit wir uns unterscheiden. Ist die Haut zu hart, wird sie zum Panzer, der uns in unseren Bewegungen einschränkt. Ist sie stattdessen weich und geschmeidig, atmet sie und bildet eine bessere Verbindung zwischen Innen und Außen. Ist sie aber zu dünn, kommt es zu Blutungen!

Wenn wir gewisse spirituelle Gespräche anhören, bekommen wir hingegen den Eindruck, dass weise oder heilig zu sein vergleichbar damit sei seine Haut abzulegen und ganz und gar durchlässig zu werden. Das ist Unsinn! Die großen Meister hatten immer eine sehr starke Persönlichkeit und besaßen beträchtliche Möglichkeiten, um im Leben auf sehr selbstständige Art zu handeln.

Woraus besteht dieses Ego aus der Sicht der buddhistischen Unterweisung?

Wenn man sich nach den Bestandteilen des Egos befragt, wird man sich der Tatsache bewusst, dass das Ego außerhalb dieser Bestandteile nicht existiert. Wenn die Frage gut formuliert wird, ist sie Satori. Es ist eine Tatsache, dass wir nirgendwo eine »Ego«-Wesenheit finden können. Stattdessen können wir eine Anzahl von Funktionsweisen finden, die wir unmöglich zu einer festen Substanz, zu einem Kern zurückführen können. So spricht man in der freudschen Psychoanalyse vom Bewussten, vom Vorbewussten und vom Unbewussten, oder auch vom Es, vom Ich und vom Überich. In der neuen Spiritualität spricht man vom physischen, emotionalen, mentalen, astralen und spirituellen Körper. Auf welche Weise auch immer das Ego analysiert wird, es ist nur eine Summe von Bestandteilen. Nach der allgemeinen buddhistischen Tradition wird das Ego wahrgenommen als Vereinigung der fünf Elemente, die man Anhäufungen nennt. Es gibt den Körper mit Materie, Gefühlen und Wahrnehmung, dann das, was uns zum Handeln oder Reagieren bringt, die mentale Aktivität, die uns antreibt, und schließlich das Bewusstsein. Aber dies ist nicht das Wesentliche. Es ist wichtig zu wissen, dass es sich beim Ego immer um eine Zusammensetzung aus mehreren Elementen handelt, die ihrerseits unbeständig sind.

Da das Ego nur eine Zusammenstellung von Bestandteilen ist, gibt es darüber hinaus kein Ego. Dies führt zurück zur grundlegenden Unterweisung Buddhas: »Bei der Geburt wird kein Ego geboren. Es ist einfach die Vereinigung der fünf Anhäufungen, welche diese flüchtige Realität bilden werden, die man Ego nennt.« Im Moment des Todes stirbt folglich nicht das Ego, sondern nur die fünf Anhäufungen trennen sich. Nichts wurde geschaffen, nichts ist verloren. Es ist wie das Bild der Welle im Ozean. In einem Moment wird eine Welle gebildet, die am Strand brechen wird, aber der Ozean hat deswegen weder zu- noch abgenommen.

Sich kennen lernen ist im Zen die Entdeckung, dass wir eigentlich die Verbindung verschiedener Elemente sind. Buddha nahm auch das Beispiel des Karrens: »Was ist ein Karren? Ist er die Räder, die Achsen oder aber die Pferde?« Was ist er? Letztlich gibt es keine Karren-Substanz!

Kann man in dieser Hinsicht den Ausdruck »Auflösen der Identifizierung« gebrauchen?

Ja … Ich kann mich nicht identifizieren, weil die Anhäufungen unbeständig, ohne Substanz sind. Die Gesamtheit dieser unbeständigen, substanzlosen Elemente kann nicht etwas Beständiges mit Substanz bilden. Aber »ich« bilde trotzdem eine vorübergehende

Form, die nur solang existiert wie eine Rose. Die Rose hat eine reale Existenz; sie ist keine Tulpe, sie hat ihre Form und ihre Eigenschaften. Aber in Wirklichkeit wird sie aus Atomen und Elementarteilchen gebildet. Das ganze Universum ist ein Tanz der Teilchen, ein Energiefeld; und eben da kommt die moderne Physik mit Buddhas Intuition zusammen. Aber es geht nicht darum, ein intellektuelles und abstraktes Verständnis zu haben, wo man sich sagt, dass es kein Ego gibt; das wäre gefährlich. Selbst wenn wir nur eine Zusammenfügung von diversen Elementen sind – wenn ich mit dem Fuß gegen einen Stein stoße, leide ich.

Die tiefe Einsicht des »ich bin nur dies« trägt zum Loslösen bei. Sie darf nicht in eine pessimistische Vision der Dinge münden, denn dieses »ich bin nichts anderes als das« bringt mich zur Wahrnehmung, dass ich gleichzeitig »alles« bin. Ich bin nicht begrenzt, getrennt und konditioniert. In Wahrheit bin ich alles. Mein eigener Körper und das gesamte Universum bilden nur ein und dieselbe Sache …

Der Buddhismus ist nicht dogmatisch, aber wenn wir von Irrlehre sprechen, hängt es immer mit der Versuchung zusammen in einen spirituellen Gedanken ein Ego mit einzubringen. Im Buddhismus hat stets die Versuchung bestanden zu einem substanziellen Ich zurückzukehren. Daher sagt man: sein kleines Ego aufgeben, um zum wahren Ego, zum Selbst zurückzukehren. Man bringt die Existenz des Selbst ein, des wirklichen Selbst. Man versucht etwas zu erfassen. Dies stellt die Quelle eines neuen Dualismus dar. Deswegen hat sich Buddha den indischen Denkern seiner Zeit entgegengestellt, die das Bestehen eines Selbst hinter der Welt der Illusionen postulierten. Der Begriff des Selbst stellt aber für Buddha die Quelle aller Illusionen dar, denn der Glaube, dass irgendwo hinter den illusorischen Erscheinungen eine Wesenheit existiert, bildet einen Anhaftungsgrund, eine Dualität. Wenn wir vom wahren Ich sprechen, handelt es sich in Wirklichkeit um das Nicht-Ich. Durch die tägliche Praxis kann man sich die Beobachtung der Leerheit und der grundlegenden Nicht-Existenz ganz zu Eigen machen, selbst wenn das Ego sich auf verschiedene Art manifestiert. Diese Vision wird das Loslassen und die Befreiung erleichtern. Darum geht es im Zen: eine authentische Freiheit zu erreichen, die nicht entstehen kann, solang die Anhaftung an einen Begriff des substanziellen Ichs oder Selbst noch vorhanden ist.

Seit zweitausendfünfhundert Jahren besteht die Übermittlung des Zen darin, uns begreiflich zu machen, dass es nichts zu ergreifen gibt, dass dieser Geist, dieses Selbst unfassbar ist.

So glaubt man oft, dass die Leerheit dem blauen Himmel ähnelt, an dem die Erscheinungen vorbeiziehen. Doch sogar die Erscheinungen sind Leerheit. Buddha und alle Meister der Übermittlung haben die Menschen in der Leerheit unterwiesen, um sie von ihren Anhaftungen zu befreien. Aber wenn sie an der Leerheit haften, werden sie sich niemals befreien können.

IV

Zazen – das Geheimnis des Zen

Ein Leben in Leerheit ist nur möglich, wenn das Loslassen durch Zazen über eine lange Zeit vorbereitet wurde. Meister Deshimaru erinnerte immer wieder daran: »Zen ist Zazen.« Zazen scheint vor allem die Grundlage eines trockenen und besonders nüchternen Weges zu sein.

Er ist nicht trocken, aber nüchtern, denn wir benutzen keine Mittel der Verführung. Im Zen-Weg zeigt man Ihnen direkt die Zazen-Praxis, in der man alles ablegt, ohne zu versuchen irgendetwas zu erhalten. Wenn es nichts zu suchen gibt, so geschieht dies nicht aus einem Opfergedanken heraus, sondern weil in der Zazen-Praxis alles enthalten ist.

Gewöhnlich fehlt uns Vertrauen, Intuition und Scharfblick, da wir Gefangene unserer Konditionierungen sind. Die Wirklichkeit ist schon in uns gegenwärtig, aber sie entgleitet uns durch unsere Blindheit völlig. Die Verwirklichung durch Zazen ist wie ein Edelstein, den alle besitzen, dessen Wert man aber nicht erkennt. Wir können ihn nur entdecken, wenn wir radikal umkehren und aufhören andere anzubetteln oder mittels irgendeiner wunderbaren Technik die spezielle Erleuchtung zu erwarten. Vor allem ist es wichtig hier und jetzt die Einheit mit seinem eigenen Leben zu finden.

Erfordert die Zazen-Praxis eine besondere körperliche und geistige Verfassung? Ist sie für jeden möglich?

Für jeden!

Aber sie erfordert doch eine sehr starke Motivation! Es ist auch sehr erstaunlich, dass eine einfache körperliche Praxis eine derartige Kraft zur inneren Umwandlung hat.

Es ist keine einfache körperliche Praxis, sondern eine Kombination von drei Elementen: Haltung, Atmung und Bewusstsein. Diese Elemente sind ganz und gar voneinander abhängig.

Zen ist keine leichte Disziplin und beinhaltet tägliche Praxis. Die Körperhaltung erfordert Strenge, Tonus und Energie. Dafür ist eine andauernde Bemühung notwendig, denn die Praxis ist das

Erwachen, und das Erwachen ist die Fortführung der Praxis. Wenn jemand nicht regelmäßig praktizieren möchte, braucht er gar nicht erst zu beginnen. Es ist unnötig sich zu sagen: »In Ordnung, ich werde mich anstrengen, aber nur zwei, drei Jahre lang, um Satori zu erlangen.« Das ist eine absurde Schlussfolgerung, denn man praktiziert Zazen bis zu seinem Tod.

Aber ist die Anstrengung nicht nur ein winziger Teil des Zen-Weges, da viel öfter vom Loslassen die Rede ist?

Dank unserer Anstrengung entwickeln wir eine Praxis, die uns jenseits jeglicher Anstrengung bringt in eine Dimension, wo das willentliche Ich, das Ego, uns nicht mehr leitet. Wir erreichen eine weiter reichende Dimension des Bewusstseins, die uns mehr Energie gibt, als wir zum Praktizieren eingesetzt haben. Es gibt den Ausdruck: »Hilf dir selbst, dann hilft dir Gott.« Man kann diesen Satz ändern in: »Hilf dir selbst, indem du praktizierst, und Buddha kommt dir zu Hilfe.« Wenn Sie geben, empfangen Sie. Natürlich muss der Körper in gutem Zustand sein, damit er sich auf die Haltung konzentrieren kann. Ein Gebrechen kann die Praxis, so wie sie im Dōjō gelehrt wird – also gekreuzte Beine und gerader Rücken –, erschweren. Dennoch beschränkt sich das wahre Zazen nicht auf die perfekte Körperhaltung, es geht vor allem um die Kraft, sich auf seinen Körper, so wie er ist, zu konzentrieren. Nehmen wir den Fall eines Kranken im Rollstuhl. Wenn dieser die Anstrengung unternimmt sich auf den Körper zu konzentrieren, indem er sich bemüht sich zu strecken, um die Wirbelsäule zu dehnen, wenn er sich anstrengt sich auf die Atmung zu konzentrieren und seine Gedanken vorbeiziehen zu lassen, dann praktiziert er Zazen.

Welche Rolle spielt die Atmung? Auf dem ersten Blick gibt es keine sehr komplizierte Technik wie im Hatha-Yoga.

Die Atmung ist beim Zazen grundlegend. Meister Deshimaru erinnerte uns daran, dass Buddha selbst die Erweckung dank der Konzentration auf die Atmung verwirklicht hatte, denn die Atmung vereint Körper und Geist. Eine gute Atmung kann man nicht erzwingen oder willentlich erlangen. Die Atmung ist die Folge einer guten, stabilen Haltung, bei der die Knie fest auf den Boden drücken.

Man darf also weder um jeden Preis eine tiefe Ausatmung anstreben noch in einer kurzen, abgehackten Atmung blockiert bleiben. Man sollte nur seine Atmung aufmerksam beobachten:

Zwerchfell und Bauch gut entspannen, die Nierengegend nicht zu sehr anspannen, nur so viel wie nötig. Die Beobachtung unserer Atmung bewirkt, dass sie tiefer wird.

Während ich meine Atmung beobachte, vermeide ich an meinen Gedanken hängen zu bleiben. Der Geist wird gelöst, frei und immer konzentriert auf das Hier und Jetzt. So hat man kein Bedauern für die Vergangenheit und keine Angst vor der Zukunft. Wenn die Ursachen der Angst verschwinden, können wir in eine friedliche Welt eintreten.

Sie sagen, dass diese sitzende Haltung die beste Haltung zum Meditieren ist?

Man muss begreifen, dass diese Haltung seit Jahrhunderten studiert, praktiziert und von Meistern weitergegeben wurde als die stabilste und ausgeglichenste Haltung, um eine lange Konzentration zu ermöglichen. Physiologisch gesehen ist Zazen die angemessenste sitzende Haltung. Dafür muss man darauf achten den Bauch zu entspannen und die Knie gut in den Boden und den Kopf »in den Himmel« zu drücken, um die Wirbelsäule auseinander zu ziehen. Wir können dabei eine Lockerung der Muskelverspannungen spüren; die Energie fließt nach unten und ermöglicht eine Auflösung der geistigen Verspannungen sowie eine Beruhigung der Gemütsbewegungen in Höhe des Sonnengeflechts. Sehr schnell stellt sich eine Rückkehr zur Ruhe ein, die Energie kreist besser im Körper, und die Konzentration wird leichter. Wenn man die Wirbelsäule streckt, erleichtert man physiologisch gesehen den Informationsfluss zwischen den Gehirnzentren, dem Wirbelkanal und den inneren Organen. Letztendlich handelt es sich gar nicht um eine Meditationshaltung!

Auch nicht um eine Konzentrationshaltung?

Richtig. Vorhin sprach ich über Konzentration, aber eigentlich hat Zazen kein Objekt. Wenn man von Meditation spricht, spricht man von einem Objekt! Beim Zazen ist man vollständig in der Haltung!

Welche Rolle spielt das Ego in einer spirituellen Disziplin wie Zazen?

Um eine Entscheidung zu treffen, muss man eine Anstrengung unternehmen, aber diese macht nur die Hälfte des Weges aus.

Anfangs praktiziert man willentlich. Wir benutzen das Ego, aber wir können es aufgeben und durch unsere Willenskraft darüber hinausgehen. Wenn wir beim Zazen zu sehr den Willen benutzen, bleiben wir unausweichlich in der Zweiheit gefangen. Wirkliches Zazen wird es, wenn nur noch die Haltung fortdauert und sie uns leitet. Es gibt keine absichtliche Anstrengung mehr. Zazen selbst macht Zazen! So stoßen wir auf die wahre spirituelle Dimension, das heißt, das Ego ermöglicht uns auf dem Weg zu gehen, bis der Punkt erreicht ist, an dem nicht mehr das Ego leitet, sondern ein nicht-dualistisches Bewusstsein. Dies ist ein Seinszustand, dessen man sich nicht bewusst sein kann, weil niemand da ist, um ihn zu denken. Das ist manchmal schwer zu verstehen für denjenigen, der diese Erfahrung nicht gemacht hat. Wenn Sie zum Beispiel sagen: »Ich hab's, ich bin im wahren Zazen, jetzt habe ich das Hishiryō-Bewusstsein, ich habe losgelassen!«, dann ergreifen Sie bereits davon Besitz. In dem Augenblick, wo Sie es denken, verlieren Sie es. So geht es im Zen immer darum, darüber hinauszugehen. Das ist sehr einfach zu sagen und viel schwieriger zu verwirklichen. Bei jeder Ausatmung lassen Sie mehr und mehr los.

Im Ego existieren zwei Aspekte. Bisher haben wir vom Ego als Illusion des begrenzten Selbst gesprochen, das zur Quelle der Anhaftung und der Verkennung unserer Wirklichkeit wird. Aber im Zen gibt es einen weiteren Aspekt, nämlich den bewussten Willen, die Anstrengung, und so spricht man von der »Ego-Praxis«, dem Gegenteil der unbewussten und absichtslosen Praxis. Denn wenn wir nicht all unsere Anstrengung in die Praxis einbringen, wenn wir nicht regelmäßig ins Dōjō gehen, wenn wir nicht unsere gesamte bewusste Aufmerksamkeit auf die Haltung richten, können wir nicht die rechte Haltung einnehmen und folglich auch nicht praktizieren. Daher ist am Anfang der Praxis eine starke Entschlossenheit notwendig; danach muss dieser Aspekt aufgegeben werden.

Wenn wir uns zum Beispiel während des gesamten Zazen sagen: »Kinn zurückziehen« oder »auf die Ausatmung konzentrieren«, und wenn wir unsere Gedanken bewusst vorbeiziehen lassen wollen, dann beschränken wir die Praxis auf unsere bewusste Willenskraft. So kann sich kein Loslassen vollziehen. Wir bleiben in der Dualität. Der willentliche Aspekt ist am Anfang ganz und gar notwendig und man darf ihn nicht vernachlässigen. Aber im Lauf der Praxis kommt ein Moment, wo die Haltung dank der bewussten Anstrengung stark genug wird, damit der Körper gewissermaßen selbst praktiziert, ohne dass man darüber nachzudenken braucht. Genauso konzentriert man sich am Anfang auf die Ausatmung, aber wenn die willentliche Anstrengung zu lang fortdauert, erzeugt sie eine Spannung, die das Loslassen behindert. Das ist so, wie wenn man ein Feuer mit zwei Feuersteinen anzünden will. Anfangs muss man viel Energie entwickeln, um Funken zu erzeugen, aber wenn die Funken sprühen und das Feuer anfängt zu brennen, ist es nicht mehr nötig die beiden Steine aneinander zu reiben. Ab einem gewissen Moment werden Haltung und Atmung stark genug, um eine Art autonomer Dynamik zu entwickeln. Man kann sagen, dass das Zazen von selbst weitermacht, ohne dass man bewusste Anstrengung einbringen muss. So wird die Praxis unbewusst und natürlich.

Dieser höchste Punkt der Praxis wird oft fehlinterpretiert. Man vergisst, dass zuerst bewusste Anstrengung nötig war, um diesen Zustand zu erreichen, wo Zazen unbewusst, natürlich und automatisch wird. Wie auf allen großen spirituellen Wegen geht es beim Zazen im Wesentlichen darum, das Ego aufzugeben, aber das geht nicht durch Willenskraft. Den günstigen Moment dafür kann man niemals bestimmen. Solang der Wunsch existiert etwas aufgeben zu wollen, äußert sich immer das Ego.

Folglich löst sich dieses Problem beim Zazen nicht bewusst, sondern auf natürliche Weise, das heißt in dem Moment, wo die körperliche Praxis stark genug wird, um den Prozess des Loslassens ohne bewusstes Dazutun in Gang zu bringen. Nicht mehr ich mache Zazen, sondern »ich folge dem Zazen, mein Ego folgt dem Zazen«. Zuerst drückt sich das Ego in der Haltung aus, dann wird es durch Zazen eingenommen, mitgezogen, transportiert, erschüttert, umgewandelt und aufgegeben. Das Ego wird schwächer als das Zazen.

Danach existiert ein Hin und Her, das heißt Momente, in denen das Zazen schwächer wird und das Ego die Überhand gewinnt und die Gedanken wieder ihre Kraft bekommen. In diesem Stadium müssen wir eine neue Anstrengung unternehmen, und das Zazen zieht uns wieder mit sich. Es gibt also ein Hin und Her zwischen der Praxis mit Ego und der Praxis ohne Ego. Genauso existiert immer ein Schwanken zwischen den Gedanken, die erscheinen und verschwinden, dem bewussten Zustand und dem nicht-bewussten Zustand. Letztlich ist dies alles Teil der Praxis. Es ist grundlegend, auf nichts zu verweilen und nicht an einem Zustand ohne Ego zu haften. Es geht darum, ständig über jede Bindung, über jeden erstarrten Zustand hinauszugehen.

Über Zen heißt es oft, es handele sich um eine Philosophie des Nicht-Denkens. Auf den ersten Blick erscheint dies unmöglich, da der Mensch ständig denkt. Und im Abendland ist der Stolz auf die Denkfähigkeit schließlich geradezu legendär …

Das ist wahr, man spricht viel über das Nicht-Denken, und man erzählt darüber viele Dummheiten. Nicht-Denken bedeutet ein EEG ohne Ausschlag, also den Tod! Im Zen spricht man hingegen von Nicht-Denken, wenn man Gedanken erscheinen lässt, sie vorbeiziehen lässt und bei nichts verweilt. Es geht darum, eine bestimmte Funktionsweise des bewussten und willentlichen Denkens fallen zu lassen, indem man aufhört Gedanken zu wälzen, Pläne zu entwerfen, indem man Projektionen und Schlussfolgerungen ein Ende macht.

Dennoch können Sie sagen: »Ich muss eine Fahrkarte kaufen, weil ich morgen da oder dahin fahren werde.« Dabei handelt es sich doch um einen Gedanken.

Genau diese Art zu denken wird beim Zazen aufgegeben. Im täglichen Leben gibt es in der Tat Momente, wo das bewusste, absichtliche Denken erforderlich ist. Wenn ich denken muss, denke ich, aber ohne von einem Gedanken verfolgt zu werden. Ich ordne ihn ein und gehe zu etwas anderem über, ohne geistiges Wiederkäuen. Aber im Leben stehen wir nicht immer vor Entscheidungen. Also ist es nicht nötig ständig zu denken. Es ist wunderbar, dass man sich beim Zazen einen Raum schaffen kann, in dem man nicht gezwungen ist bewusst zu denken; man muss keine Probleme lösen.

Übrigens geschieht es oft genug, dass wir beim Zazen auf wundersame Weise die Antwort auf eine Frage finden, die wir uns zuvor gestellt hatten. Jenseits des Zauderns wird sie offenbar! Wenn wir darauf beharren bewusst zu denken, bleibt die Frage ohne Antwort. Ich glaube, wenn man das bewusste Denken einstellt, befreit man Nervenkreise und Gedankenkreisläufe, die gewöhnlich von der allmächtigen linken Gehirnhälfte, die alles kontrolliert, kurzgeschlossen wurden. Unser Gehirn wird von einer bestimmten Funktionsweise konditioniert. Während des unbeweglichen Sitzens werden alle diese Abläufe aufgegeben. So ermöglicht diese Praxis eine größere Schaffenskraft.

Kann man trotzdem sagen, dass es sich um eine Praxis der Konzentration handelt?

Es handelt sich um Konzentration und um Beobachtung. Konzentration bedeutet, seine Aufmerksamkeit auf einen bestimmten

Punkt zu richten. Während der Zazen-Praxis konzentriert man sich zum Beispiel auf den Körper und auf den Atem, sodass die Gedanken uns nicht in alle möglichen Richtungen ablenken, weg von unserer Aktivität hier und jetzt. Von dieser Konzentration ausgehend beruhigen und klären sich die Gedanken und es zeigt sich ein klareres, wachsameres Bewusstsein. Es ist so wie bei einem See, dessen Oberfläche vom Wind in Bewegung gebracht wurde. Wenn der Wind sich legt, beruhigen sich die Wellen nach und nach, und der See wird wirklich klar, das heißt die Oberfläche wird so glatt, dass man den Grund erkennen kann. Gleichzeitig reflektiert die Oberfläche des Sees den Kosmos, den gesamten Himmel. Im Zazen wird das Bewusstsein wie diese ruhige und klare Oberfläche. So können wir in unser Inneres eintauchen und unseren eigenen Grund betrachten, unser Unterbewusstsein, ohne von den aufsteigenden Gefühlsbewegungen fortgerissen oder gestört zu werden. Das ist die Position des Zeugen, des Spiegels. Auch existiert eine große Offenheit für alle Wahrnehmungen, die von außen kommen. Das heißt, von der Konzentration ausgehend beobachtet das Bewusstsein auf wirklich objektive Weise, ohne Urteil, ohne Druck und ohne Angst. Die Elemente, die ins Unbewusste verlagert wurden und die Angst machen, können verhindern, dass man sich selbst betrachtet. Das Ego als dualistisches Denksystem sortiert und bestätigt: »Dies ist gut, das ist schlecht.« Es ist immer das Ego, das verwirft, einschätzt und die wahre Klarheit maskiert. Während der Konzentration wird diese Form des urteilenden Egos aufgegeben und die geistige Erregung wird durch die Konzentration auf Körper und Atmung beruhigt, wodurch sich die Beobachtung leicht einstellen kann. Auf dieser Ebene können wir das Ego tief gehend beobachten, das heißt, wir können alle Äußerungen des nicht-sichtbaren Karmas untersuchen: die unterdrückten Gefühlserregungen, die Einbildungen, Begierden, Träume, das Bedauern und alle unsere Motivationen, all das was unser Unterbewusstsein bildet. Bekanntlich leitet es uns im täglichen Leben ohne unser Wissen. Seit Freud wissen wir, dass wir nicht wirklich entscheiden was wir tun, wir werden von unbewussten oder unterbewussten Elementen getrieben. Beim Zazen können alle diese Faktoren der Konditionierung, das ganze vergangene Karma erscheinen, und die Reinigung vollzieht sich durch urteilsfreie Beobachtung. Dieses Bewusstwerden ermöglicht jene Elemente zu akzeptieren, sie zu integrieren und nicht an ihnen zu haften.

Dies ist ein wichtiger Punkt: Was man sieht, lässt man vorbeiziehen. Im Gegensatz zur Psychotherapie, in der man versucht die verbundenen Kettenglieder zurückzuverfolgen, geht es hier einzig darum zu sehen: »Das ist es«, nur das. Man kann lachen, wenn eine unterdrückte Gefühlsregung oder Begierde auftaucht.

In der Zazen-Praxis ist das Verständnis ein augenblickliches, intuitives Verständnis. Es handelt sich um eine Intuition im ursprünglichen Sinn des Wortes, welches »sehen« bedeutet. Zu sehen was erscheint führt zu Verständnis, aber man denkt dabei nicht nach, man versucht nicht zu verstehen und zu assoziieren. Man bewahrt eine wache Aufmerksamkeit: Wenn Assoziationen entstehen, wenn Sinnestäuschungen erscheinen, heißt man sie willkommen. Aber man sucht sie nicht bewusst. Durch diesen Prozess kann das gesamte nicht-sichtbare Karma zu Tage treten, und eine große Säuberung setzt ein.

Kann die Zazen-Praxis gewisse psychophysiologische Veränderungen zur Folge haben?

In japanischen und europäischen Laboratorien wurden Untersuchungen durchgeführt. Man hat einen Übergang beobachten können von Betawellen (die die gewöhnlichen Wellen des bewussten Denkens sind) zu langen, regelmäßigen Alphawellen, die einen Zustand der Wachsamkeit und Ruhe zum Ausdruck bringen. Von zwei Personengruppen, Zen Praktizierenden und Zen nicht Praktizierenden, wurden EEGs erstellt. Als durch einen Pistolenschuss heftiger Stress ausgelöst wurde, hat man bei den Personen der ersten Gruppe beobachtet, dass sie den Lärm wahrnahmen, tiefe Unruhe zeigten und mit Betawellen reagierten, sehr rasch aber zur Ruhe und zum vorherigen Alpha-Rhythmus zurückkehrten. Der gleiche Stress hat die Testpersonen der zweiten Gruppe, die nicht Zazen praktizierte, über einen viel längeren Zeitraum verstört.

Mit anderen Worten: Zazen bewirkt einen Zustand der Entspannung und der Wachsamkeit, aber auch eine ausgeprägte Fähigkeit zum Normalzustand zurückzukehren, selbst dann, wenn man gestört wurde. Dies bedeutet nicht, dass ein Zazen Praktizierender unempfindlich gegenüber Stress wäre, aber er wird eher im Stande sein das Ereignis so zu sehen wie es ist und die Gefühlsregung vorbeiziehen zu lassen, wohingegen sich bei einem nicht Praktizierenden die mit Stress verbundenen Gefühlsregungen mit den anderen Emotionen verbinden werden, was den Prozess verlängert.

Als man das Experiment wiederholte, beobachtete man, dass der nicht Praktizierende sich an den Lärm gewöhnte und dagegen unempfindlich wurde. Er hatte nicht mehr die gleiche Intensität der Wahrnehmung. Bei dem Zen Praktizierenden blieb das Niveau der Wahrnehmung gleich; es gab keinen Gewöhnungseffekt.

Das ist sehr wichtig, weil es verdeutlicht, dass Zazen keinen Zustand der Unempfindlichkeit schafft, sondern die Empfänglichkeit schärfer und reger wird. Dieser Aspekt widerspricht dem gewöhnlichen Bild eines Weisen, in dem man zu oft einen versteinerten Menschen sieht, der unempfänglich für die Ereignisse des Lebens ist. Ganz im Gegenteil: Es gibt beim Zen Praktizierenden keine Gewöhnung. Er erlebt jede Erscheinung wie einen neuen Augenblick, ein neues Ereignis. Weil sein Geist bei nichts stehen bleibt, ist er immer gleich offen.

Das heißt, dass es dem Weisen oder einem Praktizierenden, der dieselbe Reife erreicht hat, leicht gelingt sich augenblicklich mit glücklichen oder unglücklichen Erscheinungen zu harmonisieren.

Spiritualität, so wie ich sie verstehe, besteht vor allem darin, sich zu erkennen und sich mit der Lebendigkeit jedes Augenblicks zu harmonisieren. Es geht nicht darum, ein neues Ideal zu fabrizieren, sondern sich im Gegenteil der Wurzel des Lebens zu nähern. Diese Wurzel ist die Leerheit. Ich wiederhole mich, aber es besteht diesbezüglich einige Unsicherheit. Viele Leute können nicht verstehen, dass Leerheit nicht Leere im Sinn von Nichts ist. Aus diesem Grund kann es Missverständnisse geben. Wenn manche behaupten, der Buddhismus sei eine Form der Faszination des Nichts, so zeigt diese Äußerung völliges Unverständnis! Ganz im Gegenteil: Der Buddhismus bringt uns der Wirklichkeit unseres Lebens näher, indem er der Raserei um spirituelle Konzepte ein Ende macht.

Wie spielt sich im Zen die Praxis des täglichen Lebens ab?

Die Praxis besteht aus Beobachtung und Konzentration. Es ist der gleiche Prozess wie beim Zazen. Wir entwickeln einen Zustand von Wachsamkeit und Konzentration auf das, was wir gerade machen; in jede Handlung bringen wir uns vollständig ein.

Ein zweiter wichtiger Aspekt dieser Konzentration in der Handlung ist es, zugleich wachsam und aufmerksam zu sein auf das, was aus dem Inneren hervorkommt. Wir sind nicht nur der Aufgabe zugewandt, die wir erfüllen; gleichzeitig existiert eine

Transparenz uns selbst gegenüber, die Beobachtung der Bewegungen unserer Launen und unserer Gefühle. Wenn wir zum Beispiel das Gefühl von Ungeduld, Wut, Eifersucht oder Begierde empfinden, sehen wir es augenblicklich durch die Wirkung des Spiegels.

Die mentale Eigenschaft, sich nicht in der Gefühlserregung mitreißen zu lassen, kann sich nur durch die Fähigkeit verwirklichen sich augenblicklich im *hara* zu zentrieren, also im Bauch und nicht im Bereich des Sonnengeflechts, des Herzens oder des Geistes. Dieses Zentrieren der Energie geschieht wie in der Zazen-Praxis durch die Ausatmung in den Unterbauch.

Diese Position des Zeugen benötigt eine gewisse Selbstkontrolle.

Ich misstraue sehr dem Begriff Kontrolle. Es stimmt, dass die Zazen-Praxis als Kontrolle benutzt werden könnte. Aber wenn es zu viel Kontrolle gibt, ist es nicht mehr möglich, das, was sich in der Tiefe unser selbst befindet, zum Vorschein kommen zu lassen, und eine Art von unbewusster Unterdrückung könnte auf diese Weise entstehen. In Wahrheit geht es überhaupt nicht darum zu kontrollieren oder zu unterdrücken, sondern darum, mit einem weiten Geist ohne Urteilsfindung zu sehen was ist. Kontrollieren beinhaltet Unterdrückung und schließt Urteilsfindung ein.

Oft erlauben wir uns keine Gefühlsregung oder Begierde, weil wir unter dem Vorwand der Spiritualität glauben und meinen, keine haben zu dürfen. Das entspricht überhaupt nicht dem Zazen-Geist. Man muss sehen, dass »es einfach das ist«, weil kein Gut oder Böse existiert, es ist einfach das, eine Erscheinung, die auftritt. Eine Gefühlsregung ist nicht schlechter als eine Blume, die sich öffnet.

Wir nehmen die Wirklichkeit jenseits jeglichen Urteils wahr. In der Tat schafft dieser Buddha-Blick, dieser weite Geist, der kein Urteil fällt, der alles willkommen heißt, eine innere Entspannung, eine Reinigung, eine Beruhigung. Nach und nach werden wir weniger von Gefühlsregungen eingenommen und überwältigt. Aber verstehen wir uns richtig: Diese Auswirkung kann nicht das Produkt einer Kontrolle sein. Es ist eine Sichtweise und ein Annehmen.

Es geht also darum, nichts zu verfolgen oder zu verwerfen.

Dies bildet die grundlegende Haltung gemäß der Weisung, die uns beim Zazen gegeben wird: »Folgt nicht euren Gedanken, verwerft sie nicht, haftet nicht an Erscheinungen und noch weniger an der Leerheit, haftet nicht an Begierden und versucht nicht ihnen ein Ende zu machen.«

Diesem Interpretationsfehler bezüglich der Gefühle und Begierden unterliegt man in der Tat sehr leicht.

Auf dem Zen-Weg ist es daher wichtig, dass wir in einem Dōjō gemeinsam mit der Sangha praktizieren und die Unterweisung eines erfahrenen Mönchs erhalten. Das ist die Aufgabe des Meisters. Dadurch können wir manche Klippe, Interpretations- und Praxisfehler vermeiden. Wenn wir ein Buch lesen, können wir es in die Praxis umsetzen, indem wir so handeln, wie wir es verstanden haben. Auf diese Weise können wir jahrelang allein praktizieren und uns in einer Haltung strenger Kontrolle befinden oder aber in einer Haltung der Selbstzufriedenheit, Selbstgefälligkeit und des Sich-gehen-Lassens, in der sich kein Umwandlungsprozess einstellen kann und in der man in seinen Gefühlsregungen stagniert.

Zazen praktizieren ist, wie Meister Dōgen sagte, »die Untersuchung des Egos«, des Egos, das gleichzeitig Subjekt und Objekt der Praxis ist. Man praktiziert mit seinem Ego. Ohne Ego gibt es keine Praxis. Das Ego ist unentbehrlich, um später darüber hinausgehen zu können, um schließlich ohne Ego zu praktizieren, ohne persönliches Bewusstsein. Andererseits ist das Ego auch Gegenstand der Praxis. Wir untersuchen das nicht-sichtbare Karma, seine Bedürfnisse, seine Begierden, seine Ziele, seine Konditionierungen, seine Hindernisse ... das gesamte pulsierende und aufregende Leben. Wir haben ein vertrauteres Bewusstsein, durch welches wir das Ego integrieren, uns von ihm befreien und so sehen können, dass es in Wirklichkeit kein Ego gibt, sondern nur eine Kombination von Energien, Konditionierungen und Erscheinungen, die in wechselseitiger Abhängigkeit mit dem Rest des Universums stehen. Nichts ist unveränderlich und alles wird sich im Moment des Todes auflösen. Diese Beobachtung führt dazu, dass man sich aus der Anhaftung an ein falsches Ego, das ein kleines, starres, dauerhaftes Ego ist, lösen kann.

Wie kann man das, was man die äußere Praxis nennen könnte, beschreiben?

Die äußere Praxis wird als die Praxis des Bodhisattvas beschrieben. Sie beinhaltet die sechs *pāramitās*, das heißt die sechs Verhaltensweisen, die sechs Wege, durch die man über seine Bonnō, die Ursachen von Leiden und Illusionen, hinausgehen kann. Diese Pāramitās sind: die Gebefreudigkeit, die Beachtung der Regeln, die Geduld, die Anstrengung, die Konzentration und die Weisheit. Sie bilden die Praxis außerhalb des Dōjō. Sie sind untrennbar mit der Praxis des Bodhisattvas verbunden und verwirklichen den Zazen-Geist im täglichen Leben.

Im täglichen Leben bedeutet das Geben ein unegoistisches Leben – nicht für sich behalten, was man bekommen hat. Geben bedeutet nicht nur Geld geben. Es kann ein Lächeln sein, ein Wort, eine Unterweisung, eine Ermutigung, Zeit geben, einfach zuhören – das Geben existiert in vielfältigen Formen. Geben kann auch daraus bestehen auf etwas zu verzichten; es ist die Mushotoku-Haltung im täglichen Leben. Zum Beispiel möchte man eine Blume pflücken, aber man pflückt sie nicht. Wir machen dieser Blume ein Geschenk und den Leuten, die nach uns vorbeikommen und sie bewundern können. Geben bedeutet auch die Natur zu respektieren, die Autonomie der anderen, sie nicht zu veräußern oder auszunutzen. Es ist eine Haltung der Einheit mit allen lebenden Wesen, die es uns nicht mehr möglich macht, besitzergreifend zu sein. Das Geben schließt all das mit ein. Es geht nicht nur darum, ein Geldstück aus seiner Tasche zu ziehen und es einem Bettler zu geben. Es schließt ebenso ein nicht gierig zu sein, nicht zu hamstern, nicht zu nehmen; es ist das Gegengift zur Habgier, der egoistischen Begierde. Zum Beispiel macht man im Tempel La Gendronnière *samu*, man gibt sechs Stunden seiner Zeit und Energie dem Tempel.

Praxis bedeutet nicht, eigennützig zu praktizieren, um zu lernen sich zu konzentrieren oder um das Satori zu erlangen. Meister Deshimaru sagte uns, dass es sich bei einer der Formen des Gebens darum handelt glücklich zu sein, weil das, was wir sind, eigentlich das beste Geschenk ausmacht, das wir den anderen machen können. Wenn wir praktizieren, ist dies folglich ein Geschenk für die anderen. Auf einem Weg der Umwandlung, auf einem spirituellen Weg zu sein ist nicht etwas, das wir eigennützig praktizieren, eben weil sich durch diesen Weg eine Umwandlung vollzieht, die zur Wohltat für die anderen wird. Daher kann man sagen, dass unser Zazen selbst schon ein Geschenk ist.

Dann gibt es die zehn grundlegenden Regeln. Im Zen ist die Ethik sehr wichtig, und es ist wichtig in der heutigen Zeit darüber zu reden, weil eine der großen Krisen unserer Zeit der Nihilismus ist, von dem Nietzsche sprach, der Verlust der Grundlage aller moralischen Werte. Für die Mehrheit der Leute gibt es keinen Glauben mehr an einen transzendenten Gott, dessen Offenbarung als Basis dient, um zu bestimmen, was gut und was böse ist, und als Stütze der Werte der Existenz.

Wenn man Kindern ethische Regeln übermittelt, so lehrt man sie in Wirklichkeit nur eine Art Konformismus mit den gesellschaftlichen Gesetzen. Daher ist es dringend notwendig, die Grundlage ethischer Werte wieder zu finden und zu vermitteln.

Können wir diese Regeln einmal durchgehen?

Zuerst einmal nicht töten. Das heißt zu verstehen, dass das Töten eines jeglichen lebendigen Wesens so ist wie das Töten seiner selbst. Wenn wir von dem Bewusstsein ausgehen, dass wir eins sind mit jedem lebenden Wesen, handelt es sich nicht mehr um ein Verbot, das von oben kommt, sondern Töten ist einfach nicht mehr möglich. Die wahre Ethik des Zen besteht nicht aus Verboten der Art: »Sie dürfen dieses oder jenes nicht tun, weil es böse ist.« Die Begriffe »gut« und »böse« existieren nicht. Die Ethik ergibt sich aus der Evolution unseres Bewusstseins, sodass das, was wir gewöhnlich das Böse nennen – die Ursache meines Leidens und das der anderen –, nicht mehr möglich ist. So vereinigt sich unser Verhalten wieder mit unserem wahren Wesen und erlaubt uns nicht mehr, derart zu handeln. Nicht töten heißt auch nicht aggressiv sein, andere nicht leiden lassen. Aber es geht auch darum, in sich selbst die Dimension von Buddhas Leben nicht zu töten. Ein rein materialistisches Leben, verhaftet an Bequemlichkeit, Erfolg und Besitz ist eine Art von Mord an unserem wahren Wesen; es bedeutet das wahre Leben nicht hervorkommen zu lassen, welches danach drängt sich zu entfalten wie Blätter im Frühling. Eine Dimension unseres Lebens, die dem menschlichen Leben seine Fülle gibt, wird im Keim erstickt.

Wird diese Regel auch in der Ernährung angewandt? Sind Sie demnach strikter Vegetarier?

Es wird keinem vorgeschrieben Vegetarier zu sein, aber ich bin es nach und nach geworden. Natürlich kann der Mensch sich nur von lebendigen Substanzen ernähren, aber aus Mitgefühl mit den Tieren, welche unter jämmerlichen Umständen für die Schlachtung aufgezogen werden, habe ich mich entschlossen, vollständig vegetarisch zu leben. Ich möchte kein System unterstützen, das ich verurteile. Gemessen an der Anbaufläche der Erde ist es außerdem möglich, sechsmal mehr Menschen durch Getreide zu ernähren. Vegetarismus könnte dazu beitragen das Hungerproblem in der Welt zu lösen.

Die zweite Regel ist: nicht stehlen. Das heißt selbstverständlich, nichts zu nehmen, das uns nicht selbst gehört. Aber es bedeutet auch durch das Zazen-Erwachen zu begreifen, dass uns nichts gehört, nicht einmal unser Körper, weil die Elemente, aus denen wir gemacht sind, dem Kosmos entstammen. Selbst das besitzergreifende Subjekt, das Ego, gehört uns nicht: Es ist nur Staub und wird zum Staub zurückkehren. Nichts kann unser Eigentum sein. Nicht stehlen geht weiter als die einfache Tatsache keinem anderen etwas wegzunehmen. Man muss begreifen, dass nichts gestohlen werden kann, weil uns nichts endgültig gehört. Daher braucht man nichts anzuhäufen. Es handelt sich dabei um eine Regel, die sich in eine positive Haltung des Gebens verwandelt, in Großzügigkeit und in weniger Anhaften. Die Evolution verwirklicht sich in diesem Sinn auf unbewusste und natürliche Weise durch die Praxis. Es geht nicht darum, von heute auf morgen zu sagen: »Ab jetzt verzichte ich auf Besitz und lebe in Armut und Mittellosigkeit.« Es geht einfach darum, seine Neigung zu verringern andere auszunutzen, zu hamstern und Dinge für sich zu behalten.

Nicht lügen ist die dritte Regel. Das heißt natürlich, andere nicht zu belügen, aber die Grundlage dieser Regel ist vor allem, sich selbst nicht zu belügen. Man stößt wieder auf die Zazen-Praxis; nicht lügen bedeutet in Wirklichkeit für sich selbst transparent zu werden und infolgedessen sich selbst zu akzeptieren. Sich nicht belügen bedeutet sich so zu sehen wie man ist, ohne sich oder den anderen etwas vorzumachen. Man braucht sich vor den Augen der anderen nicht ins rechte Licht zu rücken, indem man sich auf verstellte Weise zeigt und eine Persönlichkeit zur Schau stellt, die nicht authentisch ist. Es geht darum, einem wirklicheren Leben entgegenzugehen, indem man sich selbst gegenüber Aufmerksamkeit, Beobachtung, Klarsicht und Demut entwickelt und sich nicht den Geist vergiftet.

Die vierte Regel betrifft die Sexualität. Es gab zu Buddhas Zeiten zwei verschiedene Regeln für die Mönche und die Laienschüler. Wie in allen Mönchsorden galt für Mönche und Nonnen die Abstinenzregel. Für Laienschüler war Ehebruch schlechte Sexualität, weil er schlechtes Karma hervorbrachte – wie jeder selbst erfahren kann. In Japan hat sich die Abstinenzregel vor einem Jahrhundert geändert, Mönche dürfen heiraten. Die Regel keine schlechte Sexualität zu haben, bleibt in der heutigen Zeit jedoch lebenswahr, und man sollte versuchen sie in ihrem ganzen Ausmaß zu verstehen. Im Fall des Ehebruchs wissen wir ganz genau, dass dies unausweichlich zum Leiden führt, selbst wenn wir glauben nicht eifersüchtig und besitzergreifend und voller Respekt vor der Freiheit des anderen zu sein. Ich denke sogar, dass dies das größte aller Bonnō ist, denn die sexuelle Begierde ist so eng mit dem Leben selbst verbunden, dass sie sehr schwer zu kontrollieren ist.

Zu diesem Thema erzählt eine Geschichte, wie eine alte Dame für einen Mönch, der das Keuschheitsgelübde abgelegt hatte, in ihrem Garten eine kleine Einsiedelei erbaut hatte. Dieser Mönch praktizierte zehn Jahre lang, und eines Tages wollte ihn die alte Dame auf die Verwirklichung seiner Askese prüfen. Sie bat eine junge Dirne ihn zu verführen. Nachdem die Dirne sich erklärt hatte, erwiderte der Mönch, dass er nur ein Haufen kalter Asche sei und ihre Reize keine Wirkung auf ihn hätten. Die Dirne teilte der alten Dame die Antwort des Mönches mit, worauf diese erwiderte: »Welch ein Dummkopf! Wenn ich daran denke, dass ich zehn Jahre lang einen solchen Idioten ernährt habe!«, und sie steckte die Einsiedelei in Brand. Die Schlussfolgerung der Geschichte bleibt offen. Was hätte der Mönch tun sollen? Er war nicht gezwungen der Dirne nachzugeben. Er hätte antworten können: »später«, oder ihr helfen können ihr Karma als Dirne zu lösen. Indem er sich vor seiner sexuellen Begierde in Schutz nahm, hatte der Mönch nicht gesehen, dass er einen Menschen vor sich hatte, der ein möglicher Buddha war und dass er diese Begegnung hätte nutzen können, um der Dirne zu helfen, anstatt sie verächtlich abzuweisen. Ein Meister hätte diese Gelegenheit genutzt, um das Mädchen zu unterrichten. Dieser Mönch haftete nur an seiner Keuschheit und war ein Wesen ohne Mitgefühl geworden.

Sexualität ist also nicht unvereinbar mit der Zazen-Praxis?

Nein, überhaupt nicht, warum denn auch? Auch ein Zen-Mönch darf ein Sexualleben haben. Es geht nicht um Keuschheit, sondern um die Art und Weise, wie man die Sexualität lebt. Wie alles im Leben ist sie eine Möglichkeit der Praxis des Weges. Es gibt nicht auf der einen Seite den Weg des Geistes und auf der anderen Seite den Weg des Fleisches mit den Handlungen der gewöhnlichen Menschen. Nur während der intensiven Meditationsperioden (*sesshin*) ist es wichtig seine gesamte Energie auf die Praxis des unbeweglichen Sitzens (ungefähr sechs Stunden am Tag) zu konzentrieren. Während dieser Zeiten wird vorgeschrieben keinen Geschlechtsverkehr zu haben. Besser man schläft nachts, um sich auszuruhen, damit man sich am nächsten Tag konzentrieren kann. Außerdem wird, wenn Sie während eines Sesshin sexuellen Verkehr unterlassen, diese sexuelle Energie vollkommen erneuert und gereinigt. Meister Deshimaru stellte – wie wir alle – fest, dass Leute, die Zazen praktizierten, eine starke sexuelle Energie haben. Durch Zazen wird sexuelle Energie befreit, denn es ermöglicht einen besseren Zustand des Seins wieder zu finden. Sexualität ist der Ausdruck des tiefen Wesens, entfernt von der tierischen Sexualität. Zen ist eine Schule der Selbstkontrolle und der Geduld, die sich wunderbar auf die Sexualität anwenden lässt und eine vollständige Beziehung mit dem Partner einschließt. Durch Zazen entwickelt der Mann die Fähigkeit des Wartens, der Geduld und der Freiheit von Egoismus. Wenn er sich während des Verkehrs auf die Ausatmung konzentriert und seine erotischen Fantasien vorbeiziehen lässt, verzögert er seine Ejakulation, was die Lust der Frau nur begünstigen kann. Wer sich für sehr potent hält, weil er schnell erregbar ist, läuft dagegen Gefahr auf die kleinste Erregung unkontrolliert zu reagieren, was für seine Partnerin im Allgemeinen nicht erfreulich ist.

Aber Sexualität ist nicht nur eine körperliche Notwendigkeit, sie beinhaltet auch ein Gefühl. Durch die Praxis entwickelt sich eine Dimension der Sympathie für den anderen im Sinn einer wirklichen Liebe, einer weniger egoistischen Liebe. Denn oft genug ist die Sexualität nur der Ausdruck ausgeprägter Selbstliebe, wo jeder in sich selbst eingeigelt auf der Suche nach seiner eigenen Befriedigung ist. Durch die Zazen-Praxis können wir einen tieferen Sinn der Wahrnehmung und des Respekts für den anderen entwickeln, was schließlich aus der erotischen Beziehung eine Praxis des Weges macht, eine spirituelle Handlung, durch die man sich selbst zu vergessen kann, um sich mit dem anderen zu harmonisieren und zu vereinen.

Zum Sexual- und Liebesleben denke ich, dass man sehr aufmerksam auf den anderen sein und durch seinen Egoismus kein Leiden schaffen sollte. Ich achte immer mehr auf das Karma der Liebe, das heißt auf die Konsequenzen einer Liebesbeziehung. Wir dürfen uns nicht binden ohne Wachsamkeit und ohne die Fähigkeit über unseren Egoismus nach und nach hinauszugehen. Wenn es ein tiefes Band zwischen zwei Wesen gibt, ist es für diejenigen, die es leben, spiritueller Natur.

Sie haben einmal gesagt, es sei schwierig, in einem Liebesverhältnis zu leben, wenn beide Partner nicht denselben spirituellen Weg eingeschlagen haben.

Der Zen-Weg stellt ein vollkommenes und anspruchsvolles Engagement dar. Selbst für jemanden, der nur einmal in der Woche ins Dōjō geht, wird er zum Leitfaden eines ganzen Lebens. Die Praxis beeinflusst zunehmend die Art die Dinge zu sehen und wird zu einer wesentlichen Erfahrung. Wenn diese nicht mit dem Partner geteilt werden kann, kann die Beziehung schwierig werden. Aber es geht auch darum, Toleranz zu üben und den anderen, so wie er ist, mit seinen Unterschieden zu akzeptieren.

Und so könnten Paare, die gemeinsam den gleichen Weg praktizieren, dahin kommen sich zu trennen …

Natürlich! Ich glaube nicht, dass es ausreicht den Weg zu teilen, um zusammen zu bleiben. Man muss auch die gleichen Illusionen teilen, oder wenigstens einige …

Aber kommen wir zu den zehn Regeln zurück.

Ja, sich den Geist nicht mit Drogen oder Alkohol vergiften.

Dennoch scheint es während der Sesshin Alkohol zu geben. Einige behaupten sogar, Alkohol würde in Strömen fließen.

In Strömen? Nein, das nun wirklich nicht! Wenn einige Leute zu viel trinken, ist es ihr Problem, aber das gehört nicht zur Zen-Unterweisung. Man kann sagen, dass das Trinken hierzulande zu Festlichkeiten und zur Geselligkeit gehört, und wir können uns dadurch am Ende eines etwas harten Sesshin besser entspannen. Aber es wird nicht empfohlen sich zu betrinken und Verwirrung zu stiften. Wenn für vierhundert Leute ein Umtrunk angeboten wird, sind 95 Prozent vernünftig und trinken bestenfalls so viel, dass sie gerade mal fröhlich sind. Ein oder zwei Betrunkene reichen aber aus, um viel Lärm zu machen und alle zu stören. Sie sind Ausnahmen und auf keinen Fall die Regel. Zen propagiert nicht Trunkenheit, nur weil zwei Personen die Regel verletzen.

In diesem Zusammenhang wurde Meister Deshimaru für seine Vorliebe für Whisky scharf kritisiert.

Er wurde kritisiert, weil die Leute ihn kritisieren wollten, und sie gaben gemeine Dinge vor, ohne die Wirklichkeit zu kennen. Unter gewissen Umständen bot Meister Deshimaru seinen Gästen oder seinen Schülern Whisky an, wenn er eine Atmosphäre schaffen wollte, die das Fallenlassen von Masken und Schranken ermöglicht. Ich habe nie gesehen, dass er sich unter Alkoholeinfluss unbesonnen verhalten hätte. Er war niemals betrunken. Die Regel sich nicht den Geist zu vergiften ist eine Regel, die nicht den Alkohol als solchen verbietet.

Was Drogen betrifft, war Meister Deshimaru viel strenger, und durch die tolerante Haltung, die er dem Alkohol gegenüber hatte, konnte er Süchtigen helfen die Spiritualität in freundlicherem Licht zu sehen. Ich kenne viele Leute, die mit Hilfe von Meister Deshimaru der Drogenhölle entkommen sind.

Aber vor allem unterstrich er die Tatsache, dass wir uns den Geist mit allen möglichen Gedanken und trügerischen esoterischen Anschauungen vergiften können. Ihm zufolge können bestimmte Formen von religiösen Anschauungen ewige Vergiftungen mit sich bringen. Man muss selber Erfahrungen machen und sich nicht damit zufrieden geben blind nicht nachprüfbaren Anschauungen zu folgen. Buddha sagte: »Glaubt nicht meiner Lehre, sondern macht eigene Erfahrungen und glaubt dem, was ihr durch euch selbst erleben konntet.« Diese Äußerungen machen genau die Regel, sich nicht den Geist zu vergiften, aus. Auch geht es darum, nicht von anderen missbraucht zu werden: Schließlich können wir uns den Geist sogar mit dem Begriff »Satori« vergiften! Denn wenn jemand diesen Zustand so verlockend schildert wie eine Möhre, die es für den Esel zu erreichen gibt, kann die Erwartung des Satori zur Droge werden.

Bei einigen Unterweisungen scheinen die Leute völlig unter Drogen zu stehen und weggetreten zu sein, weil sie ständig in ihren Kōan versunken sind. Sie wollen den logischen Geist, das Ego und den intellektuellen Geist dermaßen abstrahieren, dass sie sich am Rand einer Psychose befinden. Ich würde auch sagen, dass die Leute, die sich den ganzen Tag lang ihren Geist mit einem Mantra benebeln, einen fremden Gedanken in ihren Geist bringen. Das ist auch eine Art von Vergiftung.

Jede Form von Anhaftung kann eine Vergiftung ausmachen. Was nicht natürlich ist, kann eine Form von Anhaftung werden, wie zum Beispiel eine zwanghafte Anhaftung an ein Ritual. Der wahre Sinn des Buddhismus ist, den Menschen zu befreien und ihn nicht in ein neues System von Riten oder Anschauungen zu versenken, die ihn einstweilen in Sicherheit wiegen. Es geht wirklich darum, den Menschen von jedem System zu befreien, das eine Vergiftung des Geistes mit sich bringt. Wenn man das Beispiel der marxistischen Ideologie nimmt, hat man sehen können, bis zu welchem Punkt sie eine gigantische Form von Vergiftung des Geistes bildete. Man kann auch von den Medien sprechen, die uns missbrauchen. Wir glauben zu oft an etwas, weil wir es im Fernsehen gesehen oder in der Zeitung gelesen haben.

All diese Entwicklungen zeigen uns, wie eine einfache Regel, die anscheinend nur auf Alkohol und Drogen zielt, durch die Zazen-Praxis ein beachtliches Ausmaß annimmt und in sich selbst einen Weg begründen kann. Das gleiche gilt für alle Regeln, die wir bereits gesehen haben: nicht töten, nicht stehlen oder nicht lügen.

Wenn wir diese Regeln durch die Zazen-Praxis vertiefen, bemerken wir, dass eine einzige Regel all die anderen und alle Praktiken miteinschließt. Oft neigen wir mit Recht dazu, den Moralismus, der einen engen und begrenzten Geist darstellt, zu kritisieren. Die Ethik des Zen erlaubt im Gegensatz dazu die Wurzel dessen, was diese authentischen Werte ausmachen, wahrhaft zu sehen.

Es gibt noch andere Regeln, die ich nur kurz anspreche, aber die man genauso behandeln könnte.

Nicht überheblich sein heißt sich nicht über andere stellen, sich nicht von anderen unterscheiden, nicht von sich selbst eingenommen sein. Das Überlegenheitsgefühl kann mit Macht und gesellschaftlicher Stellung zusammenhängen, aber es gibt auch ein Überlegenheitsgefühl spiritueller Art. Es bedeutet zu glauben ein Niveau der Verwirklichung erreicht zu haben, das uns von gewöhnlichen Leuten unterscheidet, das uns über die Allgemeinheit stellt, als Buddha, als verwirklichten Meister. Die wahre Verwirklichung besteht jedoch darin zu sehen, dass es im Ursprung keinen Unterschied zwischen dem gewöhnlichen Menschen und dem verwirklichten Menschen gibt. Diese Regel geht sehr tief.

Nicht geizig sein; diese Regel berührt das Nicht-Stehlen, die Gebefreudigkeit, etc.

»Nicht zornig werden« ist eine wichtige Regel, obwohl sie Einschränkungen zulässt, wenn Zorn, solange er unter Kontrolle ist, dazu benutzt wird, den Geist zu beeindrucken, einen Fehler zu berichtigen oder zu erziehen. Dann wird er zu einem Unterrichtsmittel wie ein Kyōsaku-Schlag, der ebenfalls nicht aggressiv ist. Wenn das Gefühl des Zorns entsteht, zum Beispiel wenn man sieht, wie ein Schüler oder Mitschüler einen für seine eigene Entwicklung schädlichen Fehler begeht oder wie die gute Atmosphäre der Sangha beeinträchtigt wird, kann ich dieses Gefühl nutzen, statt es vorbeiziehen zu lassen. Ich werde die in Frage kommende Person holen lassen und entschieden auf ihren Fehler hinweisen. Die Person wird mich vielleicht zitternd verlassen, kann sich aber auf diese Art weiterentwickeln. Während eine laschere Haltung, die darin besteht sich zu sagen: »Lassen wir es vorbeiziehen; man muss mitfühlend sein; wir werden freundlich mit ihm reden«, dieser Person nicht hilft sich ihres Fehlers bewusst zu werden. Sie wird zufrieden sein und sich sagen: »Ich habe sie hereingelegt. So werde ich weitermachen.« Ich glaube, dass es in der Erziehung wichtig ist zu beeindrucken und dass Zorn notwendig ist, ob bei der Erziehung von Kindern oder auf dem spirituellen Weg.

Nicht die Drei Schätze kritisieren heißt die Drei Schätze der Unterweisung Buddhas beschützen: Buddha, Zazen und seine Lehre, und die Sangha. Zum Beispiel keine schlechte Stimmung, keine Zwietracht, keine Uneinigkeit in die Sangha einführen, das Zazen nicht stören, die Zazen-Praxis nicht behindern, etc. Buddhas Unterweisung schützen ist die letzte der Regeln.

Dann gibt es die Geduld. Es handelt sich dabei um eine sehr wichtige Praxis, die ich persönlich für sehr schwierig halte, weil ich ungeduldiger Natur bin. Oft stelle ich mir diese Frage: Was ist Ungeduld? Ungeduld kann durch den Wunsch Dinge voranzubringen auf positive Weise gerechtfertigt werden. Man kann in Bezug auf Widerstände, Hemmungen und Hindernisse auf dem Weg ungeduldig werden. Aber häufig ist Ungeduld etwas absolut Egoistisches. Wenn wir es zum Beispiel nicht ertragen können zu warten, weil wir unsere Zeit für wichtiger halten als die der anderen. Ungeduld ist ein Ausdruck des Egos. Manchmal können wir dem Unausweichlichen gegenüber sehr geduldig sein, wohingegen wir es nicht ertragen, wenn sich jemand im Kaufhaus vor uns in die Schlange drängelt. Wenn ich mich in dieser Ungeduldshaltung befinde, versuche ich mich zu beobachten und mich über mich selbst lustig zu machen. Das Pāramitā des Aufgebens der Ungeduld zu praktizieren bedeutet eigentlich das Aufgeben des Egos zu praktizieren. Geduldig zu sein kann sogar erheblich zum Vermeiden von Unfällen, Kriegen oder schlimmen Konflikten beitragen. Meister Deshimaru erzählte einmal die Geschichte von einem sehr ungeduldigen König, der sehr wohl sah, dass seine Ungeduld eine Gefahr für seine Art zu regieren darstellte. Er bat also seinen Diener für ihn ein Heilmittel, eine Lehre zu suchen. Sein Diener besuchte viele Weise und Meister und fand schließlich einen Mönch, der vorgab ein wirksames, aber kostspieliges Mantra zu besitzen. Der König akzeptierte den hohen Preis. Also überließ der Mönch dem Diener dieses äußerst einfache Mantra: »Warte.« Überrascht von der Einfachheit dieser Formel entrüstete sich der Diener und sagte zu dem Weisen, dass er es niemals wagen würde sie dem König zu übergeben. Nach langer Abwesenheit kehrte er schließlich zurück nach Hause und sah durch die Vorhänge seines Zimmers, wie die Silhouette seiner Frau sich neben der eines Mannes abhob. Er bekam einen Wutausbruch und zog sein Säbel, um den Schuldigen zu töten. In diesem Augenblick erinnerte er sich an das Mantra: »Warte.« Er legte den Säbel nieder, betrat das Haus und sah, dass es sich in Wirklichkeit um den Vater seiner Frau handelte.

Eine gute Geduldsübung ist es, sich auf die Ausatmung zu konzentrieren und die Wutgefühle vorbeiziehen zu lassen. Während der Zazen-Praxis arbeitet man oft an der Geduld, wenn man Schmerzen hat, weil die Praxis zu lang dauert. In diesem schwierigen Moment wird das Ego wirklich aufgegeben und die Geduldsübung zur Quelle des Vorankommens.

Dann gibt es das Pāramitā der Anstrengung oder der Energie. Wir sehen, wie wichtig es für die Praxis ist, beständig zu sein. Dies umfasst auch den Geist der Entschlossenheit. Wenn eine Sache beschlossen ist, setzt man sie in die Praxis um, ohne zurückzuweichen; es ist das Gegenteil von Zögern. Konzentration beruht darauf, seine Aufmerksamkeit vollständig in jede Handlung zu investieren, ohne zu versuchen mehrere Dinge gleichzeitig zu erledigen. Beim Zazen ist die Methode identisch; man konzentriert sich auf die Haltung, die Atmung sowie auf jeden Schritt beim *kinhin*.

Das Pāramitā der Weisheit bedeutet im Wesentlichen, sich selbst zu erkennen und in Harmonie mit dieser Erkenntnis zu handeln, indem man vermeidet einen falschen Weg einzuschlagen. Dabei handelt es sich um eine praktische Weisheit. Da es sich hier um ein sehr weites Feld handelt, sprechen wir aber bei anderer Gelegenheit darüber.

Das, was Sie äußere Praktiken nennen, ist nicht von der Zazen-Praxis getrennt. Die äußeren Praktiken sind der natürliche Ausdruck von Zazen im Alltag. Man strengt sich nicht an, um moralischen Regeln zu folgen. Moralisches Handeln ist Verkörperung und Ausdruck des Zazen-Geistes in der Handlung. Tatsächlich bilden beide eine Einheit; was man im täglichen Leben erlebt, taucht beim Zazen durch Gedanken, Gefühle, Erinnerungen, durch alle Erscheinungen, die ins Bewusstsein treten können, auf .

Selbst wenn man beim Zazen nicht bewusst an den Alltag denkt, beeinflusst er das Zazen und umgekehrt. Dies bewahrheitet sich insbesondere im Rahmen eines Sesshin, wo wir viermal am Tag Zazen machen. Es gibt ein konstantes Hin und Her zwischen der Praxis und dem Samu (manueller Arbeit), zwischen dem gemeinsamen Leben mit den anderen und Zazen. In diesem Moment gibt es keine Trennung mehr zwischen äußerer und innerer Praxis, sondern eine umfassende Praxis, die man die *gyōji*-Praxis nennt. Es ist eine kontinuierliche Praxis, die nicht aufhört, ohne Trennungen zwischen Spirituellem und Materiellem, Alltäglichem und der Meditation. Die Vertiefung der Praxis ermöglicht die Auflösung der Trennungen. Der Zazen-Geist ist Spiritualität im Alltag. Damit steht Zen im Gegensatz zu spirituellen Ansätzen, in denen Spiritualität etwas ist, das sich über den trüben Wassern des Alltags befindet. Zen benutzt jedes, selbst das bescheidenste Element des gewöhnlichen Lebens als Gelegenheit zur Praxis. Das Materielle und das Spirituelle dürfen nicht getrennt werden. Es ist wichtig, eine spirituelle Sichtweise in den Umgang mit materiellen Dingen einzuführen. Wenn man einen spirituellen Weg praktiziert, darf man den Körper, das Materielle, nicht vergessen. Im Gegensatz dazu ist unsere moderne Gesellschaft völlig dualistisch: sie ist materialistisch und sperrt Spiritualität in einen abgetrennten Bereich.

Ist das Ritual im Rahmen der Zazen-Praxis unerlässlich?

Das Ritual ist nicht unerlässlich. Dagegen ist es unerlässlich, dass wir in einem Dōjō (dem Ort, wo Zazen praktiziert wird) eine Atmosphäre der Aufmerksamkeit und der Konzentration auf den Körper schaffen, die beginnt, sobald wir diesen Ort betreten. Daher sind ziemlich strikte Regeln wichtig, die von allen befolgt werden: Bevor wir das Dōjō betreten, müssen wir unsere Schuhe ordentlich hinstellen und leise und konzentriert gehen. Wir treten mit dem linken Fuß ein und grüßen mit Gasshō (Hände in Höhe des Gesichts gegeneinander gelegt) als Zeichen unseres Respekts vor dem Ort, an dem wir praktizieren und vor den anderen Praktizierenden. Das Zusammenführen der rechten und der linken Hand (des Materiellen und des Spirituellen) ist auch eine Geste der inneren Einheit. Dann legen wir unser Zafu in eine Reihe mit den anderen Zafu auf den Boden. Wir legen es nicht irgendwo hin, so als wären wir allein. Wir schieben es nicht mit dem Fuß, weil wir den Meditationssitz respektieren. Die Aufmerksamkeit auf die Gesten ist eine Praxis für sich.

All diese Gesten begünstigen die Konzentration, und wenn wir uns setzen, sind wir bereits konzentriert. Würde es keine Regeln geben, würde jeder auf irgendeine Art praktizieren und wir uns gegenseitig stören.

Über diesen Aspekt hinaus existiert auch ein Ritual, das am Ende des Zazen stattfindet. Im Vergleich zu den traditionellen japanischen Ritualen ist es äußerst einfach. Wir rezitieren das *Hannya Shingyō* und die Bodhisattva-Gelübde.

Warum hat man in den westlichen Ländern den alten chinesischen Text beibehalten?

Ganz einfach, weil es mühsam ist sich am Ende des Zazen sofort zu erheben und ohne Übergang hinauszugehen. Der Übergangsschritt dauert nicht sehr lange, und diese Rezitation ist ein Ausdruck des Zazen, weil sie die Atmung vertieft und man sich auf die Ausatmung konzentriert. Während des Hörens achtet man darauf, Atmung und Stimme mit den anderen in Harmonie zu bringen. Die Bedeutung der Rezitation ist in sich der Ausdruck der höchsten Weisheit und des höchsten Mitgefühls und fasst die Unterweisung der Praxis in einigen Sätzen zusammen. Man rezitiert es in altem Chinesisch, weil die Schwingung des Klangs rhythmischer und tiefer ist als in der Übersetzung. In seiner ersten Zeit machte Meister Deshimaru gar kein Ritual. Als seine Schüler das *Hannya Shingyō* gehört hatten, wollten sie es schließlich mit ihm rezitieren. Ich konnte eine ähnliche Erfahrung machen, als ich Yoga-Gruppen eine Einführung in Zazen gab. Beim ersten Mal hatte ich keine Texte des *Hannya Shingyō* dabei, und wir beendeten das Zazen ohne Ritual. Sehr bald sagten mir die Leute, es wäre unangenehm, so schnell aus dem Zazen herauszugehen. Von diesem Moment an habe ich die Rezitation eingeführt und die Leute waren sehr zufrieden, obwohl sie keine Buddhisten waren.

Der Buddha-Tisch markiert die Mitte des Dōjō und macht es leichter die Praxis und die Handlungen der Leute um diese Mitte herum zu organisieren. Außerdem legt man auf ihm die Kyōsaku ab und stellt eine Buddhastatue sowie eine Weihrauchschale darauf. Die Statue ist nicht dazu da, um auf eine neue Gottheit hinzuweisen, der wir unsere Verehrung darbieten, sondern sie symbolisiert die Zazen-Praxis. Wenn wir uns vor dieser Statue verneigen, so verneigen wir uns vor der Zazen-Praxis, der Haltung der Erweckung. Was im Dōjō wirklich wichtig ist, sind die lebenden Buddhas, die in jedem von uns gegenwärtig sind.

Und die Kleidung?

Sie ist praktisch. Wenn Sie mit einer engen Hose oder mit einem engen Rock ins Dōjō kommen, werden Sie sehen, dass Sie nicht bequem sitzen können. Mit einem Kimono können Sie die Beine kreuzen und haben ohne Einengung Platz zum Atmen. Es ist schwarz, weil schwarz eine einheitliche Farbe ist. Sie schafft eine Gleichförmigkeit im Dōjō, die den Blick nicht stört. Viele Farben, zum Beispiel rot, können Erregung begünstigen. Die Kleidung wird nicht vorgeschrieben; es wird einfach geraten dunkle und weite Kleidung zu tragen. Nach und nach merken die Leute aber, dass ein Kimono sehr praktisch ist.

Warum gibt es während der Praxis ein Kusen*? Manchmal scheint es die Stille zu durchbrechen, die so schwierig aufzubauen ist.*

In der Zazen-Unterweisung ist nichts zwingend vorgeschrieben, alles ist möglich. Nicht immer gab es Kusen. Am Anfang praktizierte Meister Deshimaru in Stille und hielt danach einen kleinen Vortrag. Dann hat er diese Praxis geändert, weil ein zu langes Zazen in Stille Stumpfheit begünstigt, was nicht positiv ist. Das Kusen ist dazu da, um anzuregen und zu vermeiden, dass die Leute sich selbst ihr eigenes Kusen, ihre eigene Unterweisung machen. Stille führt unausweichlich dazu, dass wir uns eine innere Rede halten. Die Einmischung des Godō kann einen ganz anderen Aspekt der Praxis zeigen, an den wir nicht gedacht haben. Auch ist es wichtig, dass wir diese Unterweisung während unserer Praxis erhalten. Die gegebene Unterweisung kommt selber aus der Praxis, sie stammt nicht aus dem Intellekt. Sehr oft wird sie improvisiert und entsteht aus der Stimmung des Dōjō; Kusen ist eine Kunst! Diese Unterweisung während des Zazen zu bekommen heißt auch auf nicht-intellektuelle Weise zu verstehen. In diesem Moment kann sich die Unterweisung »von meinem Herzen zu deinem Herzen« entfalten. So entsteht ein Kreis: Worte, die aus dem Zazen entstehen, berühren den anderen im Zazen-Geist und schicken ihn zum Zazen zurück. Denn das Kusen darf Sie nicht aus dem Zazen herausholen und Sie in den Abgrund der intellektuellen Überlegungen stürzen. Im Gegenteil sollte es Sie im Tiefsten Ihrer Praxis berühren oder eher durch Sie hindurch fließen.

Wenn wir nach dem Zazen einen Vortrag halten, wird er eher intellektuell, weil sich die Leute nicht mehr in Zazen befinden. Man riskiert in ein Gespräch zu verfallen, das nichts mehr mit der wahren Unterweisung zu tun hat.

Die Kusen sind oft von traditionellen Texten inspiriert. Warum sind sie nicht aktueller und uns näher?

Ich halte häufig Kusen, die ganz vom täglichen Leben inspiriert sind. Aber man kann nicht immer auf diese Weise vorgehen, weil man sich damit Grenzen setzt und sich am Ende im Kreis dreht. Es ist notwendig sich aller möglichen Elemente bedienen zu können, um eine vielschichtige Unterweisung zu erreichen. Ich glaube, die beste Methode ist, ständig von einem zum andern zu gehen. Zum Beispiel den Alltag auf der Gendronnière durch die Lehren der großen Meister zu erhellen und die Lehre der Meister durch die Unterweisung des Lebens auf der Gendronnière zu aktualisieren. So existiert eine Spiegelwirkung, ein wechselseitiges Durchdringen beider Möglichkeiten. Unter diesen Bedingungen können wir erleben, was Meister Deshimaru sagte: »Man muss aus der Tradition heraus erschaffen.« Von der Tradition ausgehend erhellen wir unser Leben, und von unserem täglichen Leben ausgehend können wir die Unterweisung verstehen.

Ist die tägliche Praxis unerlässlich?

Ich denke, dass es ist gut ist täglich zu praktizieren. Aber Anfänger haben selten dieses Bedürfnis. In diesem Fall stellen wir eher die bescheidene, aber realistischere Regel auf, ein- oder zweimal in der Woche zu praktizieren, anstatt uns zu einer tägliche Praxis zu zwingen, deren Notwendigkeit wir nicht spüren. Als ich anfing, praktizierte ich trotz meiner großen Motivation nur zweimal in der Woche im Dōjō. Dann ging ich dreimal, später viermal die Woche hin.

Selbstverständlich stellt die tägliche Praxis ein Ideal dar, weil es dann zwischen dem täglichen Leben und der Praxis, die das Leben vollständig durchdringt, keine Trennung mehr gibt. Für Anfänger ist vor allem die Regelmäßigkeit wichtig. Und es ist unerlässlich, dass die Praxis nicht vom täglichen Leben abhängt, sondern das tägliche Leben von der Praxis. Es ist eine Frage des Verhältnisses zwischen den beiden.

Wenn Sie zum Beispiel beschlossen haben jeden Mittwochabend und jeden Freitagmorgen Zazen zu machen, dann sollten Sie versuchen Ihre Verpflichtung einzuhalten, selbst wenn es mittwochs im Fernsehen ein Fußballspiel gibt.

Es geht darum, das Gyōji – beständige Praxis im Sinn von regelmäßiger Praxis – nicht zu stören, welches zum Steuer des Lebens wird. Das Zazen bewegt sich nicht; das tägliche Leben dreht sich drumherum. Die Praxis kann in diesem Fall sehr stark werden, selbst wenn man nur zweimal die Woche Zazen macht. Wenn Sie dagegen zwar häufig praktizieren, aber den Zeitpunkt ändern, je nachdem wie es Ihnen passt, wird diese Praxis weniger stark. Sie muss in der Woche zu festen und regelmäßigen Uhrzeiten stattfinden. Die Dauer kann dabei reduziert werden, wenn Sie allein zu Hause praktizieren.

Ist die Dauer des Zazen also nicht wichtig?

Doch. Es ist klar, dass vor allem die Qualität des Zazen zählt, aber die Qualität hängt auch ein bisschen von der Dauer ab. Wenn Sie nur zehn Minuten praktizieren, ist es wenig wahrscheinlich, dass Sie augenblicklich Ruhe und Konzentration finden. Es ist besser zehn Minuten zu überschreiten und mindestens zwanzig Minuten zu praktizieren. Wie in dem Bild der Wellen, die ihre Bewegung fortsetzen, auch wenn der Wind sich bereits gelegt hat. Wenn die Aufregung des Alltags zum Stillstand gekommen ist und man in Ruhe in Zazen sitzt, bleibt der Geist doch noch eine Weile erregt. Erst nach fünf oder zehn Minuten können wir die nötige Konzentration finden, und es wäre schade, in diesem Moment aufzuhören.

Kann man auch allein praktizieren?

Ja, man kann allein praktizieren, eben um eine regelmäßige, tägliche Praxis zu haben, und falls Ihr Familienleben oder Ihr gesellschaftliches Leben es nicht zulässt jeden Tag ins Dōjō zu gehen. Aber man muss sich das Ziel setzen mindestens ein- oder zweimal in der Woche ins Dōjō zu gehen, um mit den anderen zu praktizieren und um die Unterweisung zu erhalten, damit man sich nicht in eine einsame Praxis zurückzieht. Man darf nicht danach streben allein zu praktizieren, sondern man praktiziert allein, wenn man nicht anders kann.

Welche Nachteile hat man, wenn man allein praktiziert?

Zu allererst kann niemand Ihre Haltung korrigieren. Sie können folglich mit einer fehlerhaften Haltung praktizieren und Verformungen verstärken, denn die Haltung dient als Spiegel, also als Hinweis auf Missverhältnisse, Verzerrungen und Verspannungen. Niemand kann seinen Rücken sehen. Außerdem kann man keinen Kyōsaku-Schlag erhalten, sodass Ihnen niemand helfen kann Ihr Gleichgewicht und die rechte Zazen-Spannung wieder zu finden, wenn Sie erregt oder schläfrig sind. Übrigens können, besonders bei Anfängern, alle Arten von Illusions-Erscheinungen auftreten, die man *makyō* nennt. Die Leute halten dann diese Erscheinungen für eine Form von Erleuchtung, haften daran und versuchen etwas zu reproduzieren, das eigentlich nicht normal ist.

Zum Beispiel?

Nehmen wir an, jemand sieht ein starkes weißes Licht oder hat den Eindruck zu schweben. Es existieren alle möglichen sinnlichen und körperlichen Empfindungen. All diese Erscheinungsformen sind unbewusster oder rein sinnlicher Art. Wenn man beim Zazen mit zu großer Anspannung in den Augen einen Punkt fixiert, anstatt den Blick einfach vor sich ruhen zu lassen, können optische Phänomene wie Flimmern oder weißes Licht auftreten. Viele dieser Personen, deren Ernsthaftigkeit im Übrigen nicht in Zweifel zu ziehen ist, werden stagnieren, weil sie sich bemühen diese speziellen Geisteszustände von einer Sitzung zur nächsten wieder zu erzeugen. Die Unterweisung des Meisters oder des Godō erleichtert es diese Erscheinungsformen genau wie Gefühlsregungen und Gedanken vorbeiziehen zu lassen und nicht daran zu haften. Man findet so das Gleichgewicht der Haltung und der Atmung wieder und vermeidet, dass sich so etwas wieder ereignet.

Wenn wir allein sind, neigen wir einerseits dazu diesen Erscheinungsformen Wichtigkeit beizumessen, oder aber dazu vor ihnen Angst zu haben und mit Zazen aufzuhören. Denn auch beängstigende Phänomene können auftauchen, wobei es im Dōjō gereicht hätte die Stimme des Godō sagen zu hören: »Zieht das Kinn zurück« oder den Kyōsaku-Assistenten zu spüren, der hinter Ihnen vorbeigeht und Ihnen einen Kyōsaku-Schlag gibt. Man fühlt sich ganz einfach sicherer, wenn man mit anderen praktiziert, und haftet nicht so sehr an dem, was man erlebt. Nach dem Zazen oder während eines Mondō kann man dem Godō auch Fragen stellen und seinen Irrtum verstehen.

Außerdem neigt man zum Egoismus, wenn man allein praktiziert. Die Praxis wird Praxis für einen selbst. Man hat das Gefühl, dass andere stören würden, wenn man mit ihnen sitzt. Ich kenne einige solcher Leute. Sie missverstehen völlig die altruistische, uneigennützige Dimension der Praxis; wir praktizieren nicht nur für uns, wir tun es für die anderen mit den anderen. In einem Dōjō zu sein bedeutet eben seine Zeit, seine Energie und seine Gegenwart zu schenken, indem man an der Praxis der anderen teilnimmt. Dies trägt dazu bei eine starke Atmosphäre zu schaffen, die den anderen hilft zu praktizieren. Dieses Geschehen ist Teil der Praxis, ist eines der Pāramitās. Zazen im Dōjō machen bedeutet, seine Gegenwart zu schenken. Zazen ist geben und auch die Gegenwart der anderen empfangen, ihre Energie und ihre Unterweisung, selbst wenn sie stumm ist. Allein zu praktizieren wird nicht empfohlen, wenn es absichtlich in dem Geist geschieht sich zu isolieren oder um nicht die Anstrengung unternehmen zu müssen ins Dōjō zu gehen. Wenn Sie nun weitab eines Dōjō leben oder in einer Stadt, in der es kein Dōjō gibt und Sie nur einmal in der Woche samstags oder sonntags zum weit entfernten Dōjō fahren können, dann wäre es schade sich um die tägliche Praxis zu bringen. Man kann dann jeden Tag zu Hause praktizieren und einmal in der Woche im Dōjō. Ich habe auch gesehen, wie sich durch das Alleine-Sitzen viel spiritueller Hochmut und Dogmatismus entwickelt hat. Die Gefahr ist vor allem für Anfänger groß, die noch keine Vorstellung von der rechten Praxis haben und sich von Anfang an in fehlerhafte Haltungen des Körpers, des Geistes oder der Atmung einschließen können. Wenn wir dagegen lange Zeit mit einem Meister praktiziert haben, gab es Gelegenheit zu zahlreichen Korrekturen unserer Haltung und zu Klärungen unserer Illusionen, in denen man beim Zazen nicht stagnieren darf. Und wir erinnern uns auf unbewusste und natürliche Weise an die Unterweisung unseres Meisters. Wir können uns also leichter selber korrigieren, wenn wir zehn, fünfzehn oder zwanzig Jahre Erfahrung haben, als wenn wir Anfänger sind.

V

Das Erwachen

Gibt es in der Praxis eine Evolution oder einen Fortschritt, der uns zum höchsten Ziel, zum Satori, führen kann? Können Sie uns Ihre Erfahrung dazu mitteilen?

Als ich im Tempel Antai-ji zum ersten Mal Zazen praktizierte, wusste ich nichts von Zen und von Satori, aber bei diesem ersten Zazen erlebte ich einen großen Schock. Alle Zweifel an meinem Leben verschwanden in einem Augenblick. Ich spürte, dass mir nichts mehr fehlte, wenn ich einfach in dieser Haltung saß. Meine Freude war sehr groß, und vor lauter Erregung kippte ich fast nach hinten um. Ich war wirklich glücklich, weil ich nach einer langen Reise endlich meine Heimat gefunden hatte. Von jetzt an musste ich nicht weiter durch die Welt irren; ich konnte leichten Herzens nach Hause zurückkehren.

Nach meiner Rückkehr nach Frankreich hörte ich Meister Deshimaru unterrichten: »Zazen selbst ist Satori«, und ich war völlig einverstanden mit seinen Worten, die mit meiner Erfahrung übereinstimmten. Aber diese Erfahrung, obgleich real, löst nicht alles auf, glaube ich zumindest. Ich war weiterhin allen Arten von Begierden und Widersprüchen in meinem Leben ausgesetzt, jedoch mit einem Gefühl des Friedens und der Freiheit in der Tiefe meiner selbst. So als ob ich flüchtig eine andere Realität, eine andere Seite des Lebens wahrgenommen hätte, aber weiterhin auf dieser Seite leben würde. Ich sehnte mich ein bisschen danach ständig im Hishiryō-Bewusstsein Zazen zu sein. Ohne Zweifel eine neue Anhaftung!

Mir scheint, Sie stellen die Frage: Wie kann ich meine Empfindungs- und Handlungsweise im täglichen Leben besser mit dem Geisteszustand beim Zazen harmonisieren? Aber weil dieser Geist so unfassbar ist, kann dies nur unbewusst und natürlich geschehen. Es ist umso schwieriger, erreichte Fortschritte abzuschätzen, als alles unbeständig ist und niemals endgültig erlangt wird. Außerdem erweitert Zazen unsere Klarheit und lässt uns immer mehr das Ausmaß unserer Illusionen entdecken, was uns eher zu einem Gefühl von Demut führt als zu einem Gefühl des Fortschritts. Dennoch empfinde ich niemals mehr die Zweifel und die Hoffnungslosigkeit, denen ich ausgesetzt war, bevor ich mit Zazen anfing. Dies allein ist schon sehr wertvoll.

Je mehr die Zeit vergeht, desto mehr stelle ich im täglichen Leben fest, dass zwischen der wahren Verwirklichung der Unterweisung und dem Zurückfallen in die Welt der Illusionen ein konstantes Kommen und Gehen existiert. Ich habe den Eindruck, dass diese beiden Umstände nicht getrennt werden können, dass man seine Illusionen nur betrachten kann, sich von ihnen lösen kann, wieder von ihnen gefangen wird und erneut mit ihnen lebt, und so weiter. Ich glaube nicht, dass man endgültig zur positiven, zur wahren Seite, zur Seite des Erwachens, des Satori schwenken kann. Wir können nur vorwärts gehen mit dem Satori, das wir auf eine gewisse Art seit jeher besitzen, da es unsere tiefste Wirklichkeit ist, von der wir niemals getrennt waren. Es existiert nicht irgendwo jenseits. Trotzdem aktualisiert sich diese Wirklichkeit nicht selbstverständlich, denn wir leben immer in der Begierde, warten auf etwas anderes; so ist unser Karma.

Es ist sehr schwierig einfach zu erkennen, dass alles da ist. Alles ist hier und jetzt gegenwärtig. Das hatte ich während meiner ersten Zazen-Erfahrung empfunden, und auf gewisse Weise kam es in den folgenden nun bald dreißig Jahren Zazen darauf an, auf vielen Umwegen mein anfängliches Erwachen zu aktualisieren. Meine erste Zazen-Erfahrung war wirklich ein großes Satori. Danach musste ich es »verdauen« und daraus eine tägliche Wirklichkeit machen. Dies brauchte viel Zeit, denn bevor ich zur Zazen-Praxis kam, gab es achtundzwanzig Jahre des Umherirrens und der Illusion – jetzt einmal ohne die vorherigen Leben zu zählen …

Diesen Satori-Begriff gibt es auch in der Rinzai-Zen-Tradition?

Im Rinzai-Zen gibt es eine Form von Satori, welches *kenshō* genannt wird, die augenblickliche Vision, eine Intuition für die tiefe Wahrheit in einem selbst. Aber diese Vision ist sehr flüchtig. Das wahre Satori, wie es im Sōtō-Zen gelehrt wird, besteht daraus, sich mit eben dieser Wirklichkeit zu harmonisieren, ohne sie zu mystifizieren. Und man kann Satori nur in dem Maß erleben, wie man darauf verzichtet. In diesem Verzicht auf einen speziellen Zustand kann sich unser Normalzustand verwirklichen unter der Bedingung, dass man Zazen täglich praktiziert und von dieser

Praxis aus lebt, sonst ist das Gewicht der Konditionierungen und der Denkgewohnheiten zu stark.

Wenn man der Ansicht ist, dass alle Wesen ursprünglich Satori haben, und meint, dass es deshalb nichts zu tun gibt, dann ist es nicht einmal notwendig zu praktizieren. Die Denkgewohnheiten nehmen die Oberhand, und man könnte niemals diese grundlegende Wirklichkeit verstehen, die dennoch ganz nah ist und sich gleichzeitig nur in der Praxis offenbart.

Wenn man diesen Satori-Zustand zuerst auf flüchtige Weise verwirklichen kann, könnte man dann nicht davon ausgehen, dass es eine Evolution gibt? Mit anderen Worten, dass dieser Zustand nach zahlreichem Kommen und Gehen immer häufiger eintritt, vielleicht immer länger, um sich in einem gegebenen Zeitpunkt quasi zu kristallisieren?

Es läuft eher entgegengesetzt ab: Dieser Zustand wird nicht immer länger, sondern lässt mich stattdessen sehen, dass meine Begierden und Anhaftungen in Wirklichkeit extrem machtvoll und umfangreich sind. Wenn ich diese Macht sehe, wird meine Wahrnehmung klarer und schärfer und ermöglicht es mir, mich nicht mehr zu sehr an diese Begierden und Illusionen zu klammern. Wir könnten sagen, dass es eine konstante Zunahme von Illusionen gibt und gleichzeitig eine Zunahme von Satori. Satori lässt uns die Illusion sehen und stellt sich ihr gegenüber als Aufgabe, als ein Loslösen dar.

Kann man sagen, dass es in diesem Bewusstseinszustand ein ständiges Staunen gibt über die Gegenstände und Wesen, die uns umgeben, und dass man ihre Essenz unmittelbar sehen kann?

Dies ist eine andere Dimension, die gleichzeitig existiert. Sie ist nicht sinnlich, wahrnehmend oder ästhetisch. Sie ist ein einfaches Wahrnehmen des Lebens, das sich jenseits dieses Gegensatzes Anhaften-Loslassen, Habenwollen-Mushotoku befindet. Bisher habe ich viel über das Hin und Her zwischen den beiden gesprochen, so als gäbe es einen fast konstanten Weg zwischen Erwachen und Illusion, die niemals getrennt werden können. Aber zugleich erscheint eine andere Art und Weise sein Leben zu betrachten, in der es weder Satori noch Illusion gibt. Es ist die Wahrnehmung der Wirklichkeit, so wie sie ist, ohne Gegensatz, ohne Dualität. Diese Wirklichkeit ist nicht qualifizierbar; man kann nicht sagen: »Das ist die Wahrheit« oder »das ist eine Illusion«. Es ist einfach »das was es ist«; und diese Dimension ist wunderbar.

Haben Sie ein konkretes Beispiel?

Nehmen wir ein einfaches Beispiel. Wenn ein Schmerz auftritt, ist es einfach »dieser Schmerz«, und sogar das Wort »Schmerz« ist unnötig. Einfach die Wahrnehmung von dem, was da ist, und das ist alles. Nicht mehr und nicht weniger! Ein Gedanke, eine Empfindung erscheint, einfach das. Ohne zu ergreifen, ohne zu verwerfen. Jedes Ding ist wie es ist, an seinem Platz, jenseits jeglicher Qualifizierung. So werden wir mit jeder Sache vertraut und akzeptieren sie wie sie ist.

Machen Sie einen Unterschied zwischen Erleuchtung und Erwachen?

Nein, in der Wirklichkeit gibt es keinen Unterschied, aber Meister Deshimaru machte einen für die Menschen im Westen. Denn die Literatur von Professor Suzuki brachte den Westen dazu zu denken, die Erleuchtung sei ein Ereignis, das den Geist plötzlich trifft und die Perspektive ändert – die Art, die Dinge wahrzunehmen. Das ist aber ein Irrtum; diese Leute haben keine Erleuchtung erlebt. Sie stellen sie sich vor, weil sie Bücher gelesen haben. Auf Grund der Erfahrung der Zazen-Praxis und der Unterweisung von Meister Deshimaru können wir sagen, dass die Erleuchtung kein spezieller Zustand ist, sondern die Rückkehr zum Normalzustand. Eigentlich werden wir uns dessen bewusst, dass wir keine spezielle Erleuchtung brauchen, denn die Wahrheit zeigt sich hier und jetzt, in jedem Augenblick, und ist etwas ganz Gewöhnliches – ich würde fast sagen, etwas Banales. Ich glaube, dass das wahre Erwachen darin besteht, sich darüber klar zu werden, dass es kein Erwachen, keine Erleuchtung gibt. Folglich ist Erleuchtung für viele Leute eine Illusion, eine Täuschung.

Aber kann man sagen, dass sich im Moment des Erwachens ein Bruch vollzieht, eine Erweiterung des Bewusstseinsfeldes? Wenn man denen glaubt, die diese Erfahrung erlebt haben, gibt es doch ein Vorher und Nachher?

Ja, es passiert etwas. Es gibt eine Intuition, eine Sicht der Wirklichkeit, die nicht die Sichtweise des gewöhnlichen Egos ist. Aber dieses Etwas ist viel natürlicher, viel einfacher als das, was wir uns vorstellen. Wenn wir dieses Etwas verwirklichen, hat es nichts Außergewöhnliches an sich. Meister Deshimaru kritisierte es, der Praxis ein Ziel zu setzen, ob es sich um Erwachen oder Erleuchtung handelt, und daraus etwas Außergewöhnliches zu machen, das rasch zu einem neuen Ziel wird und schließlich zu einem Hindernis für das Erwachen.

Können Sie uns ein konkretes Beispiel geben?

Nehmen wir zum Beispiel das Gefühl an einem Menschen zu hängen. Ich sage mir nicht, dass diese Anhaftung eine Täuschung sei und ich sie nicht empfinden dürfe; ich nehme dieses Gefühl einfach wahr. Es existiert in diesem Moment. Umso besser, wenn es sich um ein Gefühl von Liebe handelt, aber manchmal empfinde ich Traurigkeit, einfach Traurigkeit. Es geht nicht darum, dieses Gefühl zu beurteilen oder mich zu fragen, woher dieses Gefühl kommt. Ich finde es wundervoll, einfach jenseits jeglichen Urteils zu leben.

Ein anderes Beispiel ist der Moment, den man damit verbringt eine Landschaft zu betrachten oder Musik zu hören, ohne sich sagen zu müssen: »Das ist schön.« Es handelt sich einfach darum, da zu sein und diesen Augenblick ohne Beurteilung und ohne Interpretation zu empfinden. Oder auch in Zazen zu sitzen und Gefühlsregungen erscheinen zu sehen, z. B. Empfindungen wie Zorn oder Eifersucht. Diese lösen für gewöhnlich mentale Prozesse aus wie Verstehen oder Beurteilen. Das ist dumm; man muss diese Dinge vorbeiziehen lassen. Dann hält dieser Prozess plötzlich an und wir können sehen: »Es ist einfach das.« Das ist alles. Ohne Beurteilung oder Interpretation. Gleichzeitig stagnieren wir nicht in diesem Prozess.

Es ist ein Moment des Annehmens und der Einheit mit dem, was wir empfinden oder von außen wahrnehmen: einen Baum oder eine Landschaft betrachten, oder auch eine körperliche Empfindung spüren. Es ist eine Sichtweise, die nichts hinzufügt. Und wenn eine Empfindung oder ein Gefühl hinzukommt, können wir es ebenfalls so sehen und akzeptieren, wie es sich darstellt. Selbst wenn in diesem Moment eine Anhaftung hinzukommt oder eine Beurteilung, müssen wir es so sehen, wie es ist, denn es ist nichts anderes als das. Den Geist als Spiegel in Bezug auf das benutzen, was ist. Einen Spiegel mit zwei Seiten, die eine nach außen gewandt und die andere nach innen. Und alles ganz und gar annehmen. Ich glaube, dies ist ein wichtiger Punkt in der Praxis des Weges, wo man sich doch sonst eher vorstellt, dass es einen besonderen Zustand zu erreichen gäbe und dass dieser Zustand ohne Gefühle und ohne Anhaftung wäre.

Wenn ich von einem Zustand des Annehmens rede, so kann es sich manchmal auch um das Annehmen des Unannehmbaren handeln: »Ja so ist es, ich kann es nicht akzeptieren, es ist unannehmbar.« In diesem Fall dürfen wir uns nicht schuldig fühlen, sondern sagen uns einfach: »So ist es!« Mit anderen Worten, in jedem Augenblick seiner Wirklichkeit näher sein, ohne Zwiespälte, Trennungen oder Beurteilungen zu schaffen, indem man von einem Ideal ausgeht: »Im Zen muss man so und so sein; man darf nicht anhaften ...«

Sind Ihre Anhaftungen, Gefühle und Begierden nach fast dreißig Jahren regelmäßiger Praxis genauso heftig oder anders?

Im Innern ist es mir unmöglich geworden lange in einem bestimmten Zustand zu verweilen; alles geschieht sehr schnell, die Sicht ist augenblicklich, die Möglichkeit zum Spiel der Illusionen zurückzukehren existiert immer weniger, selbst wenn ich es wollte. Gleichzeitig wird die Sichtweise schärfer und erlaubt mir schneller loszulassen.

Mein Geist ist viel friedlicher, und ich akzeptiere leichter das was existiert, das Spiel der Illusionen mit eingeschlossen. Wenn ich mich betrachte, bin ich humorvoller geworden. Ich habe ein starkes Gefühl verantwortlich zu sein für meine Handlungen, vor allem für die, die von Egoismus und von Nachlässigkeit geleitet wurden. Diese Art von Handlungen, multipliziert mit der Anzahl der lebenden Individuen, erschafft die geistige Verschmutzung und die Atmosphäre der Gesellschaft, in der wir leben. Es geht darum, verantwortlich zu sein und nicht zugleich in Schuldgefühle zu verfallen. Das Einzige, was zu tun ist, ist die Vertiefung der eigenen Praxis, um in einem Zustand zu leben, in dem bestimmte Verhaltensweisen spontan aufhören. So werden wir verantwortlicher, aber nicht in dem ernsten und willentlichen Sinn des Wortes. Man wird auf natürliche Weise verantwortlich, ohne an Verantwortung zu denken.

Was ist ein Makyō?

Ein Makyō bildet sich aus Erscheinungen oder anormalen Zuständen von Bewusstsein oder Wahrnehmung, die beim Zazen auftreten können. Beim letzten Wintersesshin zum Beispiel erzählte mir eine Frau, dass sie sah, wie das Zafu der Person vor ihr leuchtete. Warum ist diese Wahrnehmung zum Makyō geworden? Weil die Frau anfing die Wahrnehmung zu deuten. Sie dachte, dass die Person, der das Zafu gehörte, in einem Zustand von Heiligkeit, von Reinheit wäre. Sie hatte nicht gesehen, dass diese Vision eigentlich eine Projektion ihres eigenen Geistes war. Makyō erscheinen oft während einer intensiven Praxis, denn in dieser Zeit können Wahrnehmungsstörungen auftreten. Die rechte Haltung besteht darin sich bewusst zu werden, dass es sich um ein Makyō-Phänomen handelt, und sich wieder auf die Ausatmung zu konzentrieren, um es vorbeiziehen zu lassen.

Manchmal erzählen uns Mönche über ihre Erfahrungen mit Ihnen. Einige glauben sogar, dass Sie eine hellseherische Gabe besitzen und dass Ihr Blick einen ungewöhnlichen Glanz hat. Gehört dies zu den Makyō oder zur Wirklichkeit?

Wenn jemand beim Zazen anfängt mich in seinem Geist als allmächtigen Buddha mit tausend Armen zu sehen, so handelt es sich um ein Makyō halluzinatorischer Art. Nun ist es in einer Beziehung zwischen zwei Individuen sehr schwierig zu entwirren, was projektiv und was wirklich ist. Man sieht den anderen immer durch die Brille seiner eigenen Subjektivität, man sieht den anderen selten so, wie er wirklich ist. Aber nicht alles ist Makyō; manchmal können wir den anderen in seiner Tiefe wahrnehmen, und der Austausch geschieht »von meinem Herzen zu deinem Herzen«. Dies ist die Essenz der Zen-Übermittlung und wird geschieht auch durch einen Blickkontakt.

Sind Sie sich, wenn Sie unterweisen, dessen bewusst, dass Sie die Bewusstseinsebene wechseln?

Ja, glücklicherweise! Aber diese Zustände sind extrem flüchtig. Während eines Sesshin erlebe ich manchmal sehr starke Momente, die man Gnadenzustände nennen könnte; ich versuche sie mitzuteilen. Dann gibt es andere Momente, wo die Dinge sehr gewöhnlich bleiben. Ich versuche immer vollständig im Augenblick konzentriert zu sein. Daher stellt sich eine besondere Wachsamkeit ein, die diese Empfänglichkeit fördert.

Alle Meister haben gelehrt, dass die Suche nach der einen speziellen Erweckung zum Hindernis für die Verwirklichung wird.

Daher kam es in Meister Deshimarus Lehre darauf an uns zu zeigen, dass jedes Zazen Erwachen ist und dass wir nichts Spezielles suchen sollten. Man muss diesen nach Sagenhaftem, nach Wunderbarem gierenden Geist aufgeben. Die Besonderheit der Unterweisung des Sōtō-Zen-ist es, keine Geschichten über Satori zu erzählen und es nicht mit Worten erfassen zu wollen, sondern es sich auf natürliche Weise verwirklichen zu lassen.

Man kann aber trotzdem sagen, dass es eine Evolution gibt bis zur völligen Loslösung, und zahlreiche Weise sind ein lebendiges Beispiel dafür.

Es gibt keine völlige Loslösung! Eine mitfühlende Haltung wäre, Sie glauben zu lassen, dass so etwas existiert, Ihnen die Möhre vorzuhalten, durch die Sie vorankommen und wichtige Energien für Ihren Weg mobilisieren können. Aber da wir hier im Rahmen eines Gesprächs sind, sage ich Ihnen, dass das wahre Erwachen darin besteht zu begreifen, dass es kein Erwachen gibt. Erwachen kann nur in Bezug auf Illusion existieren. Erwachen und Illusion sind gleichzeitig vorhanden wie Vorder- und Rückseite desselben Gegenstandes. Wenn wir fähig sind diese Wirklichkeit wahrzunehmen, sind wir auch fähig uns jenseits dieser beiden Pole zu bewegen. Ansonsten bleiben wir in der Dualität und wollen von der Illusion zum Satori gehen. Satori wird folglich ein neues Objekt, eine neue Illusion. Ich glaube, dass es sehr wichtig ist dies zu verstehen, wenn wir nicht zurückfallen wollen in den Wunsch etwas Spezielles zu erhalten, was das Kennzeichen des nicht-erweckten Zustandes ist, der Entfremdung des Menschen.

Aber man kann doch nicht abstreiten, dass einige Individuen auf ihrer Durchreise auf der Erde den höchsten Zustand verwirklicht haben.

Ich will es weder abstreiten noch bestätigen. Was mich interessiert, ist das Leben, das in keinem Zustand erstarren kann. Der äußerste Punkt in der Praxis ist in Wahrheit, das zu tun, was man im Zen »noch einen Schritt weiter gehen« nennt. Während wir auf dem Weg vorangehen, strengen wir uns an; wir praktizieren, wir stellen uns unserem Karma, unseren Illusionen; wir lösen ein Problem, danach erscheint ein anderes. Diese Vorgehensweise ist notwendig, da wir letzten Endes akzeptieren müssen, dass es immer noch einen weiteren Schritt zu tun gibt. Man darf sich nicht an das

Erwachen klammern, denn man muss verstehen, dass das Erwachen nicht allein existiert, es existiert nur in Bezug auf die Illusion. Ich glaube, dass man in Wahrheit von Satori zu Satori geht. Der Irrtum besteht darin zu glauben, dass Satori ein endgültiger Zustand ist, in dem es keine Illusion mehr gibt. Dies ist die höchste Illusion! Ich glaube, das ist unmenschlich und unwirklich! Wir müssen akzeptieren, dass wir Anhaftungen haben. Es herrscht ein ständiger Wechsel zwischen Satori und Illusion, zwischen Karma und Leerheit.

Man lebt in der Materie, in den Phänomenen, und gleichzeitig ist alles Leerheit. Niemals gibt es die Möglichkeit Satori und Illusion zu trennen. An dem Tag, an dem man denkt jegliche Illusion verworfen zu haben und dass nur Satori bleibt, an dem Tag muss man wieder bei Null anfangen. Das höchste Satori ist zu verstehen, dass es kein Satori gibt!

VI

Den Tod willkommen heißen

Sie sagten vorhin, dass man Zazen bis zu seinem Tod praktiziert. Im Zen gibt es einen berühmten Satz: »Zazen machen heißt in seinen Sarg zu steigen.« Können Sie uns dieses etwas makabere Bild ein wenig erklären?

Der erste Sinn dieses Satzes bezieht sich auf die Intensität, die wir während der Praxis entwickeln müssen. Wir müssen Zazen so praktizieren, als handele es sich um eine Frage von Leben oder Tod. Zazen zu praktizieren heißt zu lernen auf tiefere, auf eindringlichere Weise zu leben. Die Intensität der Konzentration während der Praxis ähnelt der, die im Moment des Todes herrscht. Die letzten Augenblicke nehmen einen entscheidenden Wert an. Wenn man Ihnen ankündigte, Sie würden an diesem Abend sterben, dann würde Ihr Tag reicher und tiefer sein als ein gewöhnlicher Tag. Zazen zu praktizieren heißt zu fühlen, dass die Zeit kostbar ist, dass man sie nicht verschwenden sollte, dass unser Leben begrenzt ist. Dieses Bewusstsein kann unsere Praxis nur intensivieren.

Ein anderer Aspekt ist, zu verstehen, dass im Alltag immerzu, Augenblick für Augenblick, Leben und Tod der Erscheinungen, der Gedanken usw. existieren. Wenn wir Zazen machen, wird uns klar, dass wir das Leben ohne den Tod nicht begreifen können. Beide sind untrennbar miteinander verbunden.

In dem von Ihnen zitierten Ausdruck geht es nicht darum, den Zustand zu erleben, in dem wir tot sind und in unserem Sarg liegen, sondern den Zustand, in dem wir sein werden, wenn der Tod eintritt. Diesen Zustand, in dem wir nicht mehr versuchen etwas zu ergreifen, da wir nichts mitnehmen können. Es ist der Ausdruck des höchsten Geisteszustands, in dem man die Leerheit der gesamten Erscheinungswelt wahrnimmt. Zazen machen heißt diesen Zustand erfahren: diese Sicht der Leerheit. Eintreten in die Welt von *kū*, in die Welt jenseits der Erscheinungen, wobei man vollständig in der sichtbaren Welt bleibt.

Ich glaube, es ist wichtig beide Aspekte zu sehen. In seinen Sarg steigen ist kein Gedanke, sondern eine eindringliche und tiefe

Intuition, die die Seinsweise im Zusammenhang mit seinem Leben und seinem Tod völlig verändert.

Der Begriff des Sargs weist vor allem auf die legitime Angst vor dem Tod hin. Aber es scheint, dass er heutzutage nur noch wenig Angst macht.

Leider! Wir leben zu wenig in seiner Gesellschaft. Wir verdrängen ihn, weisen ihn ab, so als würde er nicht existieren. Wenn wir nicht von der Feststellung der Unbeständigkeit unseres Lebens ausgehen, werden wir wie in einem Traum leben und eine Dekoration aufbauen, um diese grundlegende Zerbrechlichkeit zu maskieren. Wenn wir sagen: »Zazen machen heißt in seinen Sarg zu steigen«, kommt es darauf an zu lernen ein einfaches, authentisches Leben zu führen, aufzuhören zu glauben, dass wir die Ewigkeit vor uns haben. Es ist nicht außergewöhnlich sich der Tatsache bewusst zu werden, dass das Leben flüchtig ist wie ein Tautropfen, der von einem Augenblick zum anderen verdunsten kann. Dies ist aber nur eine objektive Zerbrechlichkeit. Die größte Zerbrechlichkeit des Menschen ist seine Eitelkeit, die ihn dazu führt die Unbeständigkeit zurückzuweisen, so als wäre es ihm bestimmt ewig zu leben. Wir häufen Vergnügen und Vermögen an, um zu vergessen. Wir erschaffen alle Arten illusorischer Schutzvorrichtungen, die unsere relative Bequemlichkeit und unser relatives Glück bewahren. Das Einzige, was in Wirklichkeit zu tun ist, ist zur Einfachheit zurückzukehren, zur Harmonie mit der Unbeständigkeit. Gewiss ist es niemals zu spät die Realität des Lebens zu entdecken; selbst im Augenblick des Todes kann sich immer ein großes Erwachen vollziehen. Aber es ist besser die Erfahrung des Erwachens während der Praxis zu erleben.

Im Gegensatz zum tibetischen Buddhismus spricht man im Zen-Buddhismus wenig oder gar nicht über das, was nach dem Tod geschieht. Wir finden hier nicht die Wichtigkeit des bardo *wieder, diesem vorübergehenden Universum nach dem Tod. Sie sprechen auch wenig vom Karma, von der Relation zwischen Ursache und Wirkung, den Handlungen und Gedanken und über ihre Rückwirkung auf unser gegenwärtiges und kommendes Leben.*

Zazen-Praxis bedeutet hier und jetzt zu leben. Auf diese Weise ist sie eine ständige Vorbereitung auf den Tod, egal was sich danach ereignet. Das Wichtigste ist die Ewigkeit des Augenblicks. Wir streiten die Theorie der Transmigration und der aufeinander folgenden Leben nicht ab, aber wir beschäftigen uns nicht damit. Wir konzentrieren uns auf unsere Dharma-Praxis hier und jetzt. Wir praktizieren nicht mit dem Ziel Verdienste anzuhäufen, um eine gute Reinkarnation zu erreichen. Selbst wenn es vielleicht wahr wäre, ist es doch eine begrenzte Vision. Zen ist jenseits von Gewinn und Verlust. Es gibt keine Arithmetik der Verdienste! Fangen wir an uns von diesem Geist des Anschaffens zu befreien. Das Wichtigste ist *diese* Existenz auf die rechteste Weise zu leben, ohne über die Zukunft nachzusinnen, und noch weniger über das *bardo* ... Ich glaube nicht an die Notwendigkeit einer bewussten und sorgfältigen Vorbereitung auf das Ereignis des Todes. Ich lasse den Tod kommen, so wie er erscheinen wird. Es gab Zen-Meister, die heiter gestorben sind, indem sie ein letztes Gedicht an ihre Schüler schrieben. Andere starben schreiend: »Ich will nicht sterben!« Ich glaube, das Wichtigste im Moment des Sterbens ist, aufrichtig zu sein, sich zu akzeptieren. Der Tod stellt sich in diesem Moment vor uns wie ein Spiegel unser selbst. Auch wenn sie uns entmutigt – wir müssen diese Realität sehen und akzeptieren. Vor allem dürfen wir nicht versuchen uns in einen besonderen Zustand zu versetzen. Wenn Sie beim Zazen der Wand gegenübersitzen, ist dies auch der Moment sich so zu akzeptieren wie Sie sind, in all Ihren Aspekten.

Die Asiaten glauben, dass wir uns von Leben zu Leben reinkarnieren je nach Verdiensten und begangenen Fehlern, das heißt abhängig vom Karmagesetz, das besagt, dass jede Handlung nicht nur in diesem, sondern auch in den kommenden Leben vergolten wird. Im Zen wird diese Sichtweise akzeptiert und mit einer gewissen Wichtigkeit versehen. Meister Dōgen sagte: »Wenn wir nicht an die karmische Kausalität glauben, mit einer notwendigen Vergeltung in einer der drei Zeitperioden – in diesem Leben, im kommenden Leben oder in einem zukünftigen Leben –, haben wir nicht mal den ersten Schritt auf dem Weg getan.« Wenn wir nicht an diese Wahrheit glauben, neigen wir zu dem Glauben, dass sich die Dinge durch Zufall ereignen, dass die Welt absurd und ungerecht ist. Durch die Vorstellung vom Karma können wir besser akzeptieren, was uns geschieht.

Wir müssen das Karma in Bezug auf unser eigenes Leben betrachten und uns sagen: »Tatsächlich ist das, was mir passiert, an mein Karma gebunden.« Durch diesen Gedanken werde ich ganz und gar verantwortlich für mein Handeln und kann es auf mich nehmen. Es ist unnötig zu glauben von einem Unglück überwältigt oder Opfer eines absurden Zufalls zu sein. Im Gegenteil, wenn ich das, was mir geschieht, als meine Verantwortung auf mich nehme, wird es mir helfen mein konditioniertes Leben umzuwandeln in eine freie und verantwortliche Existenz. Wenn wir an den Zufall glauben, gibt es für uns nicht viel zu tun. Aber wenn wir wahrnehmen, dass alles, was uns passiert, das Resultat unserer vergangenen Gedanken, Worte und Handlungen ist – selbst hervorgegangen aus ferner Vergangenheit – werden wir uns dessen bewusst, dass alles eine Wirkung hat. Wir sind also aufmerksamer und verantwortlicher für unser Handeln. Außerdem können wir dadurch, dass wir akzeptieren, dass die Dinge nicht durch Zufall geschehen, sondern aus unserem Willen heraus, uns mit dem Dasein versöhnen. Anstatt ein Aufrührer zu sein, ein Geschundener, versunken in der völligen Ablehnung der Ereignisse, die uns begegnen, werden wir verantwortlicher und freier.

Sicherlich können wir diesen Karma-Begriff immer anzweifeln und sagen, dass jenseits dieses Lebens nichts bewiesen ist. Die einfache Beobachtung, die wir aber machen können, ist, uns zu sagen, dass die manifestierte Welt, die Phänomene, sich durch Verkettungen von Ursachen und Wirkungen ereignen. Folglich gibt es keinen Grund, weshalb dies nicht auch auf der Ebene des psychischen Lebens gelten sollte.

Übrigens zeigt die gesamte Psychopathologie, dass es eine psychische Kausalität gibt. Selbst wenn die karmische Kausalität ein Mythos wäre, ist die Beobachtung wichtig, welche Auswirkungen dieser Glaube hat. Es liegt an jedem selbst, diese Erfahrung zu machen, um zu sehen, ob sie ihm heilsam und nützlich ist und vor allem, ob sie ihn auf friedliche Weise leben lässt, in Harmonie mit schmerzhaften Ereignissen.

Ob man nun an die Existenz von aufeinander folgenden, guten oder schlechten Leben je nach vollbrachten Taten in diesem Leben glaubt oder nicht, wir können beobachten, dass eine positive oder negative Handlung sehr oft augenblicklich Folgen hat.

In der Tat! Ich sprach vorher vom Karma in den drei Zeitabschnitten, aber wir können dies in erster Linie in diesem Leben beobachten. Was wir während der Praxis beobachten, ist die Transmigration. Beim Zazen erleben wir eine Stunde lang die Welt der Transmigration. Wir können von einem höllischen Zustand des

Schmerzes und des Aufruhrs zu einem Zustand der Ruhe und Glückseligkeit kommen, bevor wir wieder von Begierden oder familiären oder finanziellen Sorgen eingenommen werden. Wenn man das Leben vom Punkt der Transmigration aus betrachtet, sieht man auch, in welcher Welt man von Augenblick zu Augenblick lebt. Ich denke da an die Geschichte von dem Samurai, der einen Meister besucht und ihn fragt, ob das Paradies und die Hölle existieren. Der Meister fragt ihn: »Wer bist du?« Der Krieger antwortet: »Ich bin ein großer Samurai.« Sogleich macht der Meister sich über ihn lustig, und der Samurai, rasend vor Wut, zieht sein Schwert, um ihn zu töten. Der Meister entgegnet: »Nun öffnen sich die Tore zur Hölle.« Der Samurai hält inne, steckt sein Schwert weg und verbeugt sich vor dem Meister, der ihm antwortet: »Jetzt öffnen sich die Tore zum Paradies.« Es stimmt, dass wir unseren Gefühlen folgend von Augenblick zu Augenblick in verschiedenen Welten sind. Die Transmigration ist interessant.

Der japanische Begriff Harakiri *ist bei den Samurai legendär und von Ansehen. Was denken Sie darüber?*

In der wahren Tradition wird der Samurai sich nur dann selbst töten, wenn er keine Wahl mehr hat – wenn er in jedem Fall sterben wird. In diesem Fall ist die Selbsttötung erlaubt, denn sie ist ein Mittel, um seine eigene Niederlage auf sich zu nehmen. Anstatt ihn zu töten, gibt der Feind ihm die Möglichkeit sich selbst das Leben zu nehmen und würdevoll zu sterben. Das ist alles. Später änderten sich die Bräuche, liegen aber außerhalb dieser Tradition. Zum Beispiel stellt der Freitod von Leuten, die ihre Ehre verloren haben, den Gipfel der Anhaftung an das Ego dar. Der Zen-Buddhismus hat keinerlei Bezug zu dieser Art von Bräuchen.

Wie ist Ihr Empfinden dem Freitod gegenüber?

Vor allem glaube ich, dass wir einen Selbstmörder nicht mit einem Bann belegen und sagen sollten, dass er kein Recht auf ein religiöses Begräbnis habe. Das zeigt einen vollständigen Mangel an Mitgefühl. Es gibt eine Art über Selbsttötung zu sprechen, die zeigt, dass wir die extreme Verwirrung und die Leiden der Person verkennen, die zu dieser Handlung getrieben wurde.

Der Freitod muss uns zum Nachdenken bringen über den Ernst der Leiden, die wir vielleicht nicht zu sehen und zu lindern wussten. Denn oft handelt es sich um einen Hilferuf. Wenn man von jemanden hört, der androht sich zu töten, darf man der Erpressung nicht nachgeben, man sollte sie aber sehr ernst nehmen. Oft glaubt sich die Person, die sich selbst töten will, in einer Sackgasse. Doch zeigt uns die Zazen-Praxis, dass letztendlich keine Situation wirklich eine Sackgasse ist. Wir glauben uns in solch einer Situation, weil wir nur einen Aspekt der Dinge sehen und unsere Schaffenskraft gelähmt ist. Es gibt immer eine mögliche Umwandlung auch der schlimmsten Situationen, selbst einer solchen, die einen Freitod rechtfertigen könnte.

Die Ursache des Freitods ist sehr oft der Verlust von etwas, das die Leute lieben und woran sie stark haften. Aber wenn wir uns an Buddha Shākyamuni erinnern, begreifen wir, dass er allem entsagt und so das größte Glück verwirklicht hat. Das heißt: selbst wenn wir alles verlieren, was als Objekt der Anhaftung gedient haben mag – möglicherweise Grund genug für einen Suizid –, können wir das Erwachen verwirklichen. Gerade wenn wir überhaupt nichts nicht mehr festhalten können und alles uns entgleitet, können wir die Gelegenheit ergreifen und das Loslassen und die Freiheit verwirklichen. Ein Wandel des Bewusstseins ist immer möglich, und die hoffnungsloseste Situation kann Hoffnungsträger sein. Das ist aber nur möglich, wenn derjenige, der nahe am Suizid ist, von jemandem unterstützt wird, der fähig ist zu helfen diese Wende der Sichtweise zu verwirklichen. Selbstverständlich ist das nicht einfach, wenn derjenige geblendet ist von der Hoffnungslosigkeit, und wenn auch die Leute, die ihn umgeben, selbst große Angst vor dem Tod haben.

Das traditionelle Gewand des Mönches, das Kesa, ist aus mehreren kleinen Stoffstücken sorgfältig zusammengenäht. Ursprünglich wurde es aus Leichentüchern genäht, die nach der Leichenverbrennung übrig blieben, das heißt, schmutzige Stoffe, die weggeworfen und von den Feldern der verbrannten Leichen aufgesammelt wurden. Was symbolisiert dieses Gewand?

Für den Mönch, der es trägt, und für denjenigen, der es sieht, ist es eine Erinnerung. Es zeigt, wie aus der Annahme des Todes ein neues Leben erscheinen kann. Das Kesa anzulegen bedeutet den Tod anzunehmen, zu akzeptieren zu sich selbst zu sterben, damit ein anderes Leben erscheinen kann. Der Mönch sieht und versteht, dass er sich von seinem Ego lösen und das aufgeben muss, was sein begrenztes Leben ausmacht, um auf einer anderen Ebene zu neuem

Leben zu erwachen. Das Kesa symbolisiert diese Metamorphose. Wir praktizieren Zazen mit dem Kesa, das mit dem Zazen eins wird. Wenn es seine wahre Bedeutung annimmt, wird es das Gewand der Erweckung.

Das Kesa symbolisiert auch die Fortsetzung von Buddhas Leben über den Tod hinaus, denn es wird direkt von Meister zu Schüler weitergegeben. Es wird das Symbol von Buddhas erwecktem Leben und stellt das Symbol des Zazen dar. Es ist der hauptsächliche Glaubensgegenstand im Sōtō-Zen-Buddhismus. Meister Deshimaru sagte: »Das Kesa und Zazen sind wie die beiden Flügel eines Vogels«, und er beharrte darauf, dass das Tragen des Kesa beim Zazen diesem seine wirkliche religiöse Dimension gibt.

VII

Zen und der Westen

Einige Fragen noch zum aktuellen Zeitgeschehen. Zum Beispiel steht derzeit die Ökologie inmitten der politischen Diskussion. Glauben Sie nicht, dass man sich eher über den tieferen Ursprung der Krise in der Beziehung zwischen Mensch und Umwelt Gedanken machen sollte?

Unsere westliche Zivilisation, deren Denkweise sich über die ganze Welt ausbreitet, ist eine technische Zivilisation, ausgerichtet ausschließlich auf die Herrschaft über die Natur und deren Ausbeutung. Die heutige Krise in der Beziehung von Mensch und Umwelt ist kein einfacher Unfall in einem Prozess unendlichen Fortschritts. Sie ist Ausdruck einer unausgewogenen Haltung des Menschen in Bezug auf die Natur, die ihren Ursprung in der Quelle unserer Kultur hat.

Die Prometheus-Sage symbolisiert die Haltung des westlichen Menschen, der sich daran klammert, mit seinem intellektuellen Geist seine materiellen Bedürfnisse zu befriedigen. Doch kein Objekt kann das grundlegende Bedürfnis des Menschen, das eigentlich die Suche nach der Einheit mit der Natur ist, vollkommen stillen. Je mehr man dieses spirituelle Streben vernachlässigt, desto mehr vervielfältigt man seine Bedürfnisse. Letztlich wurde dies zum Motor der Wirtschaft westlicher Länder. Seither stellt man einen konstanten Verfall der natürlichen Umwelt fest und eine Verschwendung der nicht erneuerbaren Ressourcen des Planeten, ganz zu schweigen von der Umweltverschmutzung. Die Entwicklung der künstlichen Bedürfnisse ist aber nur eine Ankettung an das begrenzte Ego und erzeugt nichts als Unzufriedenheit, Angst und Aggressivität. Der individuelle Wettstreit spiegelt sich dann im wirtschaftlichen und militärische Wettstreit zwischen den Nationen. Aus diesem Wettstreit resultiert eine Verarmung der Ärmsten innerhalb der so genannten entwickelten Länder wie auch in der Dritten Welt.

Welche wirtschaftlichen, politischen und individuellen Lösungen könnten ins Auge gefasst werden, um auf die Dringlichkeit einer besseren Umwelt zu antworten?

Die Umweltprobleme werden nur durch eine wahre spirituelle Revolution gelöst werden können. Zen kann dazu beitragen, denn es ist ein Weg der Harmonisierung des Menschen mit der kosmischen Ordnung durch die tägliche Praxis der sitzenden Meditation. Vor der Wand zu sitzen bedeutet sich tief gehend kennen zu lernen und aufzuhören Äußerlichkeiten zu verfolgen.

Der Mensch hat mit seiner linken Gehirnhälfte ein abstraktes Denken entwickelt, das ihm erlaubt eine gewisse Herrschaft über die Natur zu erlangen, das ihn aber auch von einer mit ihr vertrauten Beziehung trennt. Das auf verbale Sprache gegründete Denken ist seiner Natur nach dualistisch und schafft einen Bruch zwischen Mensch und Welt. Diese Spaltung erzeugt Einsamkeit und Frustrationen, die der Mensch versucht auszugleichen, indem er mit Hilfe der Technik seinen Einfluss auf die Natur ausweitet. Die Zazen-Praxis lässt ihn sofort eine vertraute Beziehung zur Natur wieder finden, eine poetische Sichtweise der Welt und eine Teilhabe am Leben, die allein den Machtwillen des Menschen, der ausschließlich zum *homo economicus* geworden ist, tief gehend korrigieren kann.

Was ist, ausgehend von dieser Feststellung, die angemessenste Einstellung?

Die dualistische Haltung unserer Gesellschaft wandelt alles in Technik um, und es ist die technische Haltung, die die Krise zwischen einem selbst und der Umwelt schafft. Diese Haltung besteht immer darin etwas in Erwartung eines zukünftigen Profits zu tun. Die einfachsten und natürlichsten Dinge, wie lieben, sich ausdrücken und sogar meditieren werden zu Techniken, um etwas anderes zu erlangen. Zazen praktizieren bedeutet diese Haltung fallen zu lassen und umzukehren. Man praktiziert Zazen nicht um Satori zu erhalten. Aber Zazen selbst ist Satori, wenn es ohne Ziel und ohne Profitgeist praktiziert wird. Wenn man das begreift, wird jede Gegebenheit unseres Lebens eine Praxis der Erweckung.

Als ein Mönch Meister Jōshū (Chao-chou Ts'ung-shen) fragte: »Was ist die Essenz des Buddhismus?«, antwortete Meister Jōshū einfach: »Hast du gefrühstückt?« »Ja, Meister«, antwortete der Schüler. »Dann geh' deine Schale spülen.«

Die einfachsten Handlungen unseres täglichen Lebens in völliger Aufmerksamkeit hier und jetzt sind die Praxis von Buddhas Weg. Diese völlige Aufmerksamkeit schließt mit ein, jede Sache zu respektieren und zu beschützen, als wäre sie unser kostbarstes Gut. Dies brachte die Mönche dazu die Blumenkunst zu erschaffen, deren Ziel es war, das Leben der Blumen zu verlängern, die Buddha dargebracht wurden oder die von einem Unwetter geknickt worden waren. Auch die Gartenkunst ist ein Ausdruck dieses Gefühls der Harmonie mit der Natur und dem gesamten Universum.

Gleichwohl ist die Wurzel dieser Praktiken die Verwirklichung unseres tiefsten Wesens beim Zazen. Sie verwirklicht sich, wenn wir aufhören zu ergreifen oder abzuweisen. In diesem Moment werden wir eins mit dem großen Sein, mit Gott oder Buddha; die höchste Dimension der menschlichen Existenz verwirklicht sich auf natürliche Weise, so wie eine Blume zur Blume wird, wenn ihre Blütenblätter sich öffnen.

Die Suche nach der Natur entstand durch die Entwicklung des dualistischen und abstrakten Geistes. Er lässt Quantität über Qualität herrschen, Haben über Sein. In dieser Sichtweise ist es nicht verwunderlich, dass Gott tot ist! Dummerweise hat der Mensch auch seine wahren Wurzeln verloren, sein göttliches, sein Buddha-Wesen.

Die Herrschaft über die Natur resultiert in einem Nachlassen der Intuition und Kreativität. Nachdem die Natur seinen Techniken angepasst wurde, wurde der Mensch zu einem Getriebe, das mit dem von ihm geschaffenen technokratischen Modell übereinstimmen muss.

Obwohl Ökologie ein aktuelles Thema ist, gibt es eine Kluft zwischen dem Wissen über die Gefahren, die die modernen Techniken mit sich bringen, und dem, was wirklich unternommen wird, um dem abzuhelfen. So als würde man glauben, es sei unmöglich, die Verschmutzung und Beschädigung der Umwelt zu stoppen.

Die Ökologie ruft die grundlegenden Prinzipien der Gesetze des natürlichen Gleichgewichts in Erinnerung, der Interaktion der lebenden Wesen mit der Umwelt. Aber ohne eine radikale Änderung der Geisteshaltung werden ökologischen Ideen kaum Einfluss bekommen.

Zazen zu praktizieren heißt unser Verhalten hier und jetzt zu ändern, wobei in der augenblicklichen Umgebung begonnen wird. Die Verschmutzung findet zuerst in unserem Geist statt, bevor sie sich in der Atmosphäre, im Wasser oder in der Erde zeigt. Zazen zu praktizieren heißt das Ego aufzugeben und unsere wechselseitige Abhängigkeit und unsere Solidarität mit dem ganzen Universum zu verwirklichen.

Die Wechselbeziehung mit der Umwelt findet auch auf der energetischen Ebene statt. Wir bestehen aus denselben Elementen und aus derselben Energie wie das ganze Universum. Die Nutzung von zu viel Energie schafft ein Ungleichgewicht nicht nur in der Umwelt, sondern auch in einem selbst. Zu viel Nahrung oder zu gehaltvolle Nahrungsmittel schaden der Gesundheit. Während eines Sesshin essen wir leichte und natürliche Nahrung. Ohne dogmatisch zu sein, baut das Zazen wieder unseren Ernährungsinstinkt auf. Zu viel Bequemlichkeit schwächt die Widerstandskraft. Das Leben im Zen beruht darauf sich einer einfachen Lebensform zuzuwenden und weniger Bequemlichkeit und Luxus zu suchen. Das Ideal des Zen-Mönchs ist es, mit seiner Schale und seinem Kesa zu leben.[9] Zu viele Informationen machen unsere Beziehung zur Welt abstrakt. Zen bedeutet, die direkte Erfahrung des Lebens wieder zu finden!

Genau wie Zazen drücken die Daseinsformen der Natur die Unterweisung Buddhas jenseits von Sprache und Schöpfungen des Geistes aus. Die Zen-Mönche haben ihr Dōjō daher oft in der Natur, im Gebirge oder an Flüssen, gebaut. Aber dies geschah nicht als Ausdruck romantischen Haftens an der Natur ... In der Geschichte des Zen-Buddhismus erlebten Mönche das Erwachen nicht selten, indem sie das Fallen eines Kieselsteins hörten, indem sie eine Pfirsichblüte sahen oder auch indem sie das Donnern des Wildbachs im Tal hörten. Diese natürlichen Erscheinungen waren für sie Anlass, ihre Einheit mit dem gesamten Universum zu verwirklichen.

Schließlich ist unsere Umwelt eine Welt in Bewegung, eine unbeständige Welt. Das Ego sucht immer ein stabiles Glück und stößt sich an der Unbeständigkeit der Erscheinungen. Auch haben die meisten Religionen das Glück im Jenseits gesucht. In einigen buddhistischen Schulen sucht man das Nirvāna jenseits der Welt der Erscheinungen. Aber Zazen ist jenseits des Dualismus zwischen der Erscheinungswelt, dem *Samsāra,* und dem Nirvāna, denn dieser Dualismus ist auch eine Anhaftung unseres Egos. Wenn dieses aufgegeben wird, ist es nicht mehr nötig dem Samsāra zu entfliehen oder das Nirvāna zu suchen. Der Bodhisattva des Mahāyāna-Buddhismus lebt und praktiziert in der Welt der Erscheinungen, um allen Wesen zu helfen ihre Leiden aufzulösen und das

9 Siehe Anmerkung S. 35.

Erwachen zu verwirklichen. Dies ist das Lebensideal, das uns vom Zen angeboten wird.

Was denken Sie über die Übertragung des Buddhismus nach Europa? Trappistenmönche, Zisterzienser und christliche Laien praktizieren Zazen. Was halten Sie von dieser Nachbarschaft?

Ich denke, dass manche Europäer sich den fernöstlichen Wegen zugewandt haben, weil sie in der christlichen Unterweisung nicht finden konnten, was sie suchen. Die Kirche macht sich Sorgen um das Abendland, weil dessen Situation ihre eigenen Mängel aufzeigt. Aber sie beharrt auf ihrer Haltung und behauptet oft sogar, es sei gefährlich, fernöstlichen Wegen zu folgen, wo doch die einzig wahre Gefahr darin besteht an der religiösen Dimension des Lebens vorbeizugehen. Die Unterweisung muss sich mit den Bedürfnissen weiterentwickeln. Wirklich wichtig ist, dass das 21. Jahrhundert spirituell wird, das heißt, dass es zu einer tiefen Veränderung des allgemeinen Geisteszustandes und der Lebensart kommt.

Ist es nicht paradox, dass im Leben der Zisterziensermönche die Praxis des Betens ein Hauptbestandteil ist, der das Klosterleben aufrecht erhält, und dass diese Mönche gleichwohl eine physische Unterstützung wie das unbewegliche Sitzen nötig haben?

Ein Gebet ist zum einen verbal und zum anderen oft eine bloße Bitte. Beides bedeutet eine Begrenzung der Erfahrung. Jenseits dieser Grenzen kann Zen durch die Mushotoku-Dimension – ohne Gegenstand, ohne Erwartung und ohne Profitstreben – seinen Platz einnehmen. Ich glaube, dass man sogar Gott für Gott entsagen sollte, was übrigens die Lehre von Meister Eckehart[10] ist. Alle Wünsche aufgeben, jeden Willen nach Verwirklichung und Erwerb, damit kein Hindernis mehr in einem selbst besteht und Gott dort seinen Platz finden kann.

Solange man um etwas bittet, bleibt man auf Distanz, in Erwartung einer zukünftigen Zeit, und ist folglich in der Nicht-Verwirklichung. Der Weg des Zen ist es, sich seiner Bitten zu entledigen und

10 Meister Eckehart (1260-1327): Dominikanermönch, dessen mystische *Schriften* und *Predigten* von der damaligen Kirche verdammt wurden. Sein Einfluss breitet sich heute bis Japan aus, wo Zen-Buddhisten in Eckeharts Weg des »unendlichen Verzichts« eine tiefe Verwandtschaft mit dem Zen aufdeckten.

sie im Kontext seiner eigenen Begrenztheit zu sehen. Die Vereinigung mit Gott, mit der unendlichen Dimension unserer Existenz, kann sich nur verwirklichen, wenn wir loslassen. Was kann die Zazen-Praxis dazu beitragen? Zu allererst die Konzentration auf die Haltung und die Atmung. In der christlichen Tradition stellte der Körper den Ort der Sünde dar, und man hatte wenig Bezug zu ihm, obwohl er immerhin die Stütze der Seele darstellt. In der Zazen-Praxis ist der Körper völlig integriert und mit dem Geist vereint. Diese wichtige Hilfe ermöglicht es uns, nicht im Mentalen, im Verbalen – also in der Dualität – zu verweilen. Denn das Wort spiegelt eine Dualität, einen Schnitt zwischen Bezeichnung und Bezeichnetem. Das Wort ist nicht das Ding. Pater Lassalle erklärt in seinem Buch *Zen und christliche Spiritualität* sehr gut, dass, je tiefer man die Kontemplation praktiziert, man ab einem bestimmten Moment der Meditation und des Gebets umso mehr der großen Schwierigkeit begegnet, eben die verbale Ebene überschreiten zu müssen, die durch den Bezug der Meditation auf einen Gegenstand, auf einen verbalen Gedanken entsteht. Was anfangs die Konzentration und Lenkung fördert, wird später zum Hindernis.

Sind beide Wege überhaupt miteinander vereinbar? Kann ein Christ Zazen praktizieren bis zur Ordination, ohne sich von seiner Religion zu lösen, oder ist die Zazen-Praxis einfach eine Hilfe, ein Mittel, das ihn auf seinem eigenen Weg voranzukommen hilft?

Beides ist möglich, aber wenn man Zazen als Mittel benutzt, es auf eine reine Technik reduziert, verliert es seine Kraft. Wenn wir Zazen von seinem Mushotoku-Geist, der Gegenstandslosigkeit trennen, um daraus eine zweckorientierte Technik zu machen, und sei es eine Technik, um mit Gott zu kommunizieren, dann wird Zazen uns nichts bringen können. Es wäre nicht mehr Zazen. Die Öffnung, die Zazen zum Gebet beitragen könnte, würde sich nicht einstellen. In der Zazen-Praxis kann es keine Verzerrung geben. Nicht weil man mit gekreuzten Beinen dasitzt, macht man Zazen. Der Geist des Zazen muss gegenwärtig sein.

Man kann sein christliches Gebet nicht mit Zazen mischen. Zwar ist es möglich Zazen zu praktizieren, um dadurch besser beten zu können. Aber in dem Moment, wo wir Zazen praktizieren, muss man das Gebet vergessen und darf nichts anderes als Zazen machen. Während der Zazenübung darf es nur Zazen geben. In diesem Moment wird eine Öffnung geschaffen.

Kann man während der Zazenübung das wahre Wesen der Religion fühlen?

Ja! Das ist das Geschenk des Zazen. Es entsteht, wenn man nicht versucht Zazen zu benutzen, um zu diesem Ergebnis zu kommen. Wenn ich sage, wir dürfen durch Zazen nichts suchen, auch nicht Gott, dann bedeutet das nicht, dass sich diese Art von Begegnung nicht einstellen kann. Aber diese Erfahrungen können sich nur in der völligen Aufgabe verwirklichen, selbst der Aufgabe der Hoffnung, auf diese Art von Erfahrungen zu stoßen.

Zur Ordination kann ich sagen, dass in den über 30 Jahren, in denen es die durch Meister Deshimaru übermittelte Sōtō-Zen-Tradition in Europa gibt, viele überzeugte Christen nicht nur die Ordination zum Bodhisattva erhalten haben, sondern auch die zum Mönch oder zur Nonne. Ich glaube, dass eine wahre Religion nicht darauf beruht Abschottungen und Gegensätze zu schaffen. Zen ist nur in dem Sinn eine Religion, wo es uns mit unserer tiefen Wahrheit verbindet. Es ist eine sehr nüchterne Religion ohne Dogma oder Glauben. So kann die Zazen-Praxis nicht damit in Konflikt kommen, dass jemand an die Offenbarung glaubt, von der Schriften, Glaubensgrundsätze und Dogmen herkommen, wohingegen Sie als Christ nicht gleichzeitig Moslem oder Jude sein können. Zen steht nicht in einem Offenbarungskontext und daraus folgend einem Glaubensbekenntnis. Zen bleibt auf der Ebene der universellen Erfahrung und kann sich mit diversen religiösen Formen vereinbaren.

Was wird Grundlage des Austauschs sein, der sich zum Beispiel zwischen dem Zen-Buddhismus und dem Christentum einstellen wird? In welchen wesentlichen Punkten können sie sich begegnen? Gibt es eine Ideen-, eine Herzensübereinstimmung?

Der interreligiöse Dialog ist ein fortwährender Prozess, und ich glaube, dass es sehr wichtig ist im Gespräch zu bleiben und sich zu treffen. Der Austausch gründet auf der Erfahrung bestimmter konkreter Aspekte unserer spirituellen Praxis. Aber in Wirklichkeit gibt es bei diesem Austausch außer der Begegnung kein bestimmtes Ziel. Seit einigen Jahren gibt es ein Austausch zwischen christlichen Mönchen und Zen-Mönchen, der darin besteht die Praxis des anderen in seinem Kloster zu erleben.

Der Gegensatz zwischen dem Nicht-Dualismus des Zen und dem Dualismus des Christentums ist nicht so groß wie man glauben könnte. Aus der Sicht des Zen hat jedes Wesen die Buddha-Natur, aber gleichzeitig sind Sie Sie, ein menschliches Wesen, und Buddha ist Buddha. Ich glaube, man muss von dieser Grundlage ausgehen, ansonsten wird der Nicht-Dualismus ein unwirkliches Konzept oder er führt uns zu einer pathologischen Gleichgültigkeit. Im Zen gibt es auch eine Position, in der wir die Trennung und die Zweiheit akzeptieren müssen. So staunte Meister Dōgen während seiner Reise in China über einen alten Mönch, der sagte: »Ich bin nicht ein anderer; ich bin ich; ich muss selber praktizieren; kein anderer kann dies an meiner Stelle tun.« Um die Nicht-Zweiheit, die Vereinigung zu verwirklichen, muss ich die Tatsache annehmen, dass ich ich bin, völlig verschieden von Ihnen. Wir müssen beide Dimensionen integrieren, die der Trennung und die, welche diese Trennung beseitigt. Um die Einheit wieder zu finden, muss man zuerst akzeptieren getrennt zu sein, allein, unterschiedlich und einzigartig. Genauso ist im Christentum die Kreatur verschieden von Gott, aber sie wurde nach seinem Bild geschaffen. Wir finden folglich sowohl im Christentum wie im Zen das Wissen darum, dass es jenseits der Trennung die Einheit gibt. Aber im Zen liegt die Betonung auf Einheit und im Christentum eher auf Trennung. Trotzdem denke ich, dass in beiden Fällen beide Dimensionen existieren. Den Zen-Weg verwirklicht man, indem man auf abrupte und schnelle Weise über das menschliche Ego hinausgeht. Das Christentum betont die Notwendigkeit, im Gebet – als einer ganz grundlegenden Bitte um Gnade – einen anderen anzurufen, um diesem begrenzten Zustand zu entkommen. Und auch im Zen können wir uns nicht ganz allein retten, es gibt auch Gebete zu Buddha. Zum Beispiel spricht man während der Ordination ein Reuegebet, und den zehn Gelübden geht eine Art Glaubensgelübde voran: »Ich vertraue mich dem Buddha, dem Dharma und der Sangha an« – den drei Kostbarkeiten, von denen wir Unterstützung und Hilfe erwarten. Man darf es also nicht schematisch darstellen; die Dinge sind nicht so einfach.

Eine letzte Frage zur Wissenschaft. Wie schätzen Sie den wissenschaftlichen und technischen »Fortschritt« der modernen Welt ein, dessen Mittel und Ziele von den alten Weisheiten so weit entfernt scheinen?

In den wesentlichen Fragen, so glaube ich, hat keiner dieser »Fortschritte« der letzten zweitausend Jahre wirklich eine reale

Verbesserung geschaffen. Offenkundig hat niemand eine Antwort auf die Frage nach der Bestimmung des Menschen auf der Erde gegeben. Ich denke, dass man heute nicht weiter ist als 500 Jahre vor Christus. Nur weil man die Mechanismen der Natur besser versteht und sie zu seinem Vorteil nutzen kann, ist das Bewusstsein bezüglich seiner selbst, der anderen und der Welt nicht weiterentwickelt. Hier sehe ich keinen Fortschritt! Aber auf der anderen Seite geht die moderne Wissenschaft in die Richtung der buddhistischen Sichtweise und sieht die Welt in fortwährender Transformation ohne Anfang und Ende.

Im Buddhismus hat die Sichtweise eines kosmischen Kreislaufs mit Geburt, Ausdehnung, Schrumpfen und Verschwinden einer Welt, dann Geburt einer neuen Welt, immer existiert. Dies ist die kosmische Sichtweise der wechselseitigen Abhängigkeit aller Erscheinungen, einer Art beweglichen Struktur, die keine letztliche Wirklichkeit hat, sondern von allen möglichen Faktoren abhängt. Diese Wahrheit hatten Buddha und alle großen Meister dank ihrer inneren Arbeit über lange Zeit hinweg intuitiv wahrgenommen. Wenn diese Wahrheit auf äußere, intellektuelle Weise entdeckt wird, wie im Fall der modernen Wissenschaften, kann sich daraus keine wirkliche Umwandlung, kein Fortschritt für den Menschen ergeben, weil alles objektiv bleibt. Die Bestimmung der Wissenschaft ist es, objektiv zu bleiben, das heißt dem Objekt zugewandt. Es fehlt die Rückkehr des Blickes nach innen, um wahrzunehmen, dass das, was außen existiert, auch innen existiert. Man muss wieder entdecken, dass das Innen wie das Außen ist, eine Entdeckung, die völlig revolutionär ist. Zum Beispiel müsste die Wahrnehmung der wechselseitigen Abhängigkeit, der Unbeständigkeit, unsere gesamte egoistische Haltung ändern. Aber es gibt keine Veränderung, weil wir alles durch die Analyse der anderen, der äußeren Welt verstehen und nicht durch uns selbst.

Gleichzeitig scheint der Mensch bereit zu sein für diese Umwandlung und müsste durch gelebte Erfahrung fähig werden in sich selbst intuitiv das zu entdecken, was er außen beobachtet hat. Das ist die große Gelegenheit, wo die Menschheit einen entscheidenden Schritt unternehmen könnte und wo die Wissenschaft eine wahre Quelle der Weisheit werden könnte. Dafür müsste jeder lernen seinen Blick nach innen zu richten, so wie wir es beim Zazen tun, damit diese Erfahrung sein Leben lenkt und leitet.

Glossar

Bardo: tibetisches Wort, das die Zeit von 49 Tagen zwischen Tod und Wiedergeburt bezeichnet.

Bodhidharma: geboren im 5. oder 6. Jahrhundert in Indien. Über das Meer reiste er nach China und erreichte Kanton. Er ist der Gründer und erste Patriarch des Zen in China. Neun Jahre lang machte er Zazen in den Bergen. Er übergab die Essenz seiner Unterweisung an Eka (Hui-k'o), der sein Nachfolger wurde.

Bodhisattva: »erwachtes Wesen«. Wörtlich übersetzt ist der Bodhisattva derjenige, der ein Buddha wird, aber der Sinn des Wortes wurde im Lauf der Geschichte des Buddhismus erweitert. Der Begriff »Bodhisattva« ist nur im Mahāyāna-Buddhismus von Bedeutung. Er wird das ideale Wesen im Gegensatz zum *arhat*, dem befreiten Wesen im Hīnayāna. Für das Mahāyāna ist der Arhat nur eine untere Stufe, weil er das Erwachen nur für sich selbst sucht. Im Gegensatz dazu macht der Bodhisattva keine Unterscheidung zwischen sich und den anderen. So weigert er sich ins Nirvāna einzutreten und hilft mit der Praxis seiner großen Tugenden allen Wesen auf dem Weg des Erwachens. Er wird den perfekten Zustand des Buddha nur gemeinsam mit allen anderen Existenzen erreichen.

Bonnō: die Illusionen, Irrtümer, Zweifel. Das, was stört und Leiden macht, wie Begehrlichkeit, Wut und Dummheit. Anhaftung an das Ego und an falsche Sichtweisen.

Buddha: budh- im Sanskrit bedeutet das Erwachen, und Buddha bedeutet der Erwachte. Das Wort bezeichnet den historischen Buddha, Shākyamuni, der vor 2.500 Jahren gelebt hat, sowie all diejenigen, die die höchste Wahrheit, die höchste Freiheit erreicht haben. Meister können Buddha genannt werden. Im Grunde unser selbst besitzen wir alle das Wesen Buddhas, die ursprüngliche Essenz des menschlichen Lebens.

Dharma: die Gesamtheit der Prozesse, die das kosmische Leben leiten, die aufgedeckten Gesetze des Universums und auch die, die es noch zu entdecken gibt. Das Wort bezeichnet auch die Unterweisung Buddhas, manchmal die Gesamtheit aller Existenzen oder auch alle Wahrheiten, die kosmische Wahrheit.

Dō: der Weg, die höchste Wahrheit.

Dōgen: Lebte von 1200 bis 1253. Zen-Meister, Gründer der Sōtō-Tradition in Japan. 1223 reiste er nach China, wo er Zen mit Meister Nyojō praktizierte, der ihm die Lehre übermittelte. Er kehrte 1227 nach Japan zurück. 1244 gründete er den Tempel Eihei-ji. Sein Hauptwerk, das *Shōbōgenzō*, gilt als eines der tiefgründigsten Werke der philosophischen Weltliteratur.

Dōjō: der Ort, an dem man Zazen praktiziert.

Ego: das kleine, besitzergreifende und begrenzte Ich, das es insoweit aufzugeben gilt, als es aus Täuschungen besteht, während jeder dazu neigt ihm eine eigene Wirklichkeit zuzugestehen.

Eka: 487-593. Zweiter Patriarch des Zen in China. Im Jahr 520 begegnete er Bodhidharma. Die Geschichte erzählt, dass er sich den linken Arm abgeschnitten habe, um seine Ernsthaftigkeit zu bezeugen.

Ekō: Widmung einer Zeremonie.

Enō: 638-713. Sechster Patriarch des Zen in China. Er hatte maßgeblichen Anteil an der Verbreitung des Zen in China. Er hatte mehr als vierzig große Schüler, unter anderem Nangaku und Seigen.

Fuse: das Geschenk, die Gebefreudigkeit – nicht nur materieller, sondern auch spiritueller Art, und ohne selbst-bezogene Absicht.

Gasshō: das senkrechte Zusammenlegen beider Hände vor dem Körper und anschließender Verneigung. Symbol des Respekts und der Einheit von Geistes und Existenz.

Godō: derjenige, der für die Unterweisung im Dōjō verantwortlich ist.

Gyatei: »darüber hinaus«. Mantra am Ende des *Hannya Shingyō*.

Hannya Shingyō: oder *Maka Hannya Haramita Shingyō* (*Mahā Prajñā Pāramitā Hṛdaya Sūtra* im Sanskrit), die Essenz des *Sūtras der höchsten Weisheit,* der zentrale Text im Mahāyāna-Buddhismus. Es wird im Dōjō am Ende des Zazen rezitiert.

Hara: oder *Kikai Tanden*. Energiezentrum ein paar Zentimeter unter dem Nabel. Durch die Zazen-Praxis und die rechte Atmung wird das Hara kraftvoll. Wenn es aktiviert wird, ermöglicht es eine hohe Stabilität von Körper und Geist.

Hīnayāna oder Theravāda: 100 Jahre nach Buddhas Tod bildeten sich zwei Strömungen: eine bewahrende Strömung, Hīnayāna (Kleines Fahrzeug) und eine erneuernde Strömung, Mahāyāna (Großes Fahrzeug). Im Hīnayāna liegt der Schwerpunkt auf das eigene Erwachen mit Hilfe strenger Disziplin. Das Mahāyāna setzt den Schwerpunkt auf Weisheit und Mitgefühl und schafft keine Trennung zwischen Satori und Illusion oder zwischen sich und den anderen.

Hishiryō: denken, ohne zu denken. Das Denken jenseits des Denkens.

I shin den shin: »von meinem Herzen zu deinem Herzen«. In Herz und Seele übereinstimmen, jenseits von Worten und Konzepten, hier und jetzt in Einheit sein.

Jihō sanshi: kleines Sūtra, das am Ende der Zeremonie rezitiert wird.

Kannō dōkō: Geist des Erwachens, der sich durch die Beziehung »von meinem Herzen zu deinem Herzen« mit einem Stellvertreter Buddhas entwickelt.

Karma: Handlungen des Körpers, der Stimme und des Bewusstseins, die je nach Art und Qualität eine Wirkung schaffen, die in diesem oder auch im folgenden Leben geschehen kann.

Kenshō: das Selbst erschauen. Sein wahres Wesen entdecken. Im Rinzai-Zen der Zugang zum Buddha-Zustand.

Kesa: Symbol der Übermittlung der Lehre von Meister zu Schüler. Das Gewand Buddhas, das Gewand des Mönchs. Das *Rakusu* ist das kleine, praktischere Kesa für das alltägliche Leben und für Reisen. Es wird auch den Bodhisattvas übergeben. Ursprünglich wurde es von Buddha gefertigt. Als er beschloss den Weg zu praktizieren, reiste er an das Ufer des Ganges, wo man die Leichen verbrannte. Er nahm Stücke von Leichentüchern, wusch sie im Fluss, färbte sie mit ockerfarbener Erde (*kasāya* bedeutet im Sanskrit ›ocker‹) und nähte sie zusammen. Später benutzte man zum Färben Blätter von Bäumen und man mischte die Farben, sodass die Stoffstücke eine gebrochene, dunkle Farbe bekamen. Die Teile des Kesa symbolisieren Reisfelder. Der Sinn des Kesa ist der, dass das Schmutzigste, Unreinste zum Schönsten und Heiligsten werden kann. Desgleichen kann durch den Weg das verdorbenste Wesen zum erwachtesten werden.

Ki: die Aktivität der kosmischen Energie, die zur Körperaktivität in allen Zellen wird.

Kinhin: langsames Gehen zwischen den Zazenabschnitten.

Kitō: eine Zeremonie, die dazu bestimmt ist, jemanden zu helfen, der in Schwierigkeiten ist, indem man ihm die Verdienste von Zazen widmet.

Kōan: ursprünglich ›Gesetz‹, ›Regierungserlass‹. Widersprüchliches Existenzproblem. Prinzip der ewigen Wahrheit, die von einem Meister weitergegeben wird. Aktualisierung der Wahrheit in den Erscheinungsformen des Lebens.

Kōdō Sawaki: 1880-1965. Meister von Taisen Deshimaru, der von ihm die Übermittlung des spirituellen Erbes erhielt.

Kolomo: schwarzes Gewand des Zen-Mönchs.

Kū: die Leerheit, die Substanzlosigkeit aller Erscheinungsformen, die nur durch wechselseitige Abhängigkeit existieren.

Kusen: mündliche Unterweisung des Meisters beim Zazen.

Kyōsaku: der Stock des Zen-Meisters. Beim Zazen hat der Schlag mit dem Kyōsaku gleichzeitig eine stärkende und beruhigende Wirkung.

Mahāyāna: Großes Fahrzeug. Die erneuernde Strömung des Buddhismus. Universelle Liebe und Handeln zum Wohl der Menschheit. Der aktive Weg, vor allem in China, Tibet und Japan verbreitet.

Mantra: wörtlich »das Werkzeug zum Denken«. Heiliges Wort, kurze Anrufung, dessen Klang eine besondere spirituelle Kraft überträgt.

Mondō: Fragen und Antworten zwischen Schüler und Meister.

Mu: japanische Aussprache des chinesischen Schriftzeichens für die Verneinung (*wu*). Der Begriff *mu* wird oft von Zen-Meistern benutzt, entweder zusammen mit einem anderen Wort – *mushotoku* (kein Profit, kein Erlangen), *mukudoku* (kein Verdienst) – oder allein z.B. als Antwort auf die Frage eines Schülers bei einem Mondō. *Mu* ist keine einfache Verneinung in der westlichen Logik von Ja und Nein, sondern bezeichnet das, was sich jenseits von Verneinung und Bejahung befindet. Es ist »absolut nichts« von dem, was durch das intellektuelle Denken wahrgenommen oder durch die Sprache ausgedrückt werden kann.

Mushotoku: ohne Ziel, ohne Profitdenken. Bedeutet, dass es in der religiösen Praxis nichts zu erlangen gibt, keinen persönlichen Profit. Es ist die Essenz der Zen-Praxis.

Nirvāna: vollständiges Auslöschen der Erscheinungen. Bezeichnet manchmal den Tod. Zustand der Auflösung des individuellen Ichs. Befreiung aus dem Kreislauf der Wiedergeburten. Zustand der Abwesenheit von Geburt, von Werden, von Veränderung und von Verschwinden. Das Nicht-Geborene.

Pāramitā: im Allgemeinen übersetzt durch »Vollkommenheit«. Pāramitā bezeichnet die »Tugenden«, deren Praxis den buddhistischen Weg ausmacht. Es gibt sechs (manchmal zehn) Pāramitās: *fuse* (die Gebefreudigkeit), *kai* (die Befolgung der Regeln, die die Ruhe von Körper und Geist ausdrücken), *ninniku* (die Geduld), *shojin* (die Anstrengung, Ausdauer), *chi-e* (die Weisheit – nicht das Wissen –, die sich als Frucht des Erwachens auf natürliche Weise einstellt).

Rinzai: seit Hui-neng (Enō) bildeten sich fünf Schulen nach Unterrichtsorten und -methoden. Alle praktizierten Zazen. Die beiden wichtigsten blieben übrig: Rinzai und Sōtō. Im Rinzai wendet man die Kōan als formale Methode an, und Zazen, das in den Raum gewandt praktiziert wird, ist eine Methode geworden, um Satori zu erlangen.

Rōshi: alter Meister (Ehrentitel).

Samsāra: »unaufhörlicher Wirbel von Geburt und Tod«. Wird im Allgemeinen mit Transmigration übersetzt.

Samu: Konzentration auf die manuelle Tätigkeit mit einem gesammelten Geist bei den gewöhnlichsten Arbeiten. Mit Wachsamkeit verrichtete Arbeit als Dienst für die andern.

Sangha: die Gemeinschaft von Meister und Schülern.

Sampai: drei Niederwerfungen vor Buddha, dem Meister oder den anderen Schülern. Die Stirn berührt den Boden, die Hände sind beiderseits des Kopfes zum Himmel gerichtet (symbolisch gesehen um Buddhas Schritte zu stützen).

Satori: zur kosmischen Wahrheit, zu unserem wahren Wesen erwachen. Zazen selbst ist Satori.

Sesshin: Zeitraum intensiver Zazenübung. Ein oder mehrere Tage gemeinsames Leben, Konzentration und Stille im Dōjō. Pro Tag macht man sechs bis sieben Stunden Zazen, unterbrochen von Vorträgen, Mondō, manueller Arbeit (Samu) und Mahlzeiten.

Shākyamuni: der historische Buddha.

Shihō: Bestätigung der Übermittlung und der Nachfolge durch den Meister während einer Zeremonie.

Shikantaza: »nur sitzen«, sich auf die Zazen-Praxis konzentrieren.

Sōtō: in der Sōtō-Tradition wird Zazen ohne Ziel, ohne Gegenstand praktiziert. Man sitzt der Wand zugewandt. Der Meister gibt nicht systematisch Kōan wie im Rinzai-Zen, sondern seine Antworten auf Fragen der Schüler sind auf den Alltag bezogen und werden so zu Kōan.

Sūtra: Texte, die der Überlieferung gemäß Buddhas Unterweisung enthalten, wie er selbst sie seinen Schülern erklärt hat.

Zafu: mit Kapok gefülltes Kissen für die Zazen-Praxis. Buddha machte sich ein Kissen aus trockenen Kräutern. Es ist nötig einen erhöhten Sitz zu haben, um die Knie auf den Boden drücken und die Wirbelsäule gut strecken zu können.

Zen: chin. *ch'an*, *dhyāna* im Sanskrit. Wahre und tiefe Stille, Sammlung, in der alle Unterscheidungen oder Trennungen beseitigt werden. Wird gewöhnlich mit Konzentration oder Meditation ohne Gegenstand übersetzt. Rückkehr zum ursprünglichen und reinen Geist des Menschen.

Ebenfalls im Werner Kristkeitz Verlag:

Werke von Taisen Deshimaru

Za-Zen – Die Praxis des Zen

Zen in den Kampfkünsten Japans

Dōkan – Täglich Zazen

Die Stimme des Tales

Fragen an einen Zen-Meister

Shinjinmei
Gedichtsammlung vom Glauben an den Geist

Sandōkai
Die Einheit von Essenz und Erscheinung

Hōkyō Zanmai
Das Samādhi des Schatzspiegels

Shōdōka
Satori – hier und jetzt

Hannya Shingyō
Das Sūtra der Höchsten Weisheit

Kōmyōzō Zanmai
Das Licht des Satori